Dietmar und Irene Mieth

STERBEN UND LIEBEN

Dietmar und Irene Mieth

STERBEN
UND LIEBEN

Selbstbestimmung bis zuletzt

FREIBURG · BASEL · WIEN

MIX
Papier aus verantwor-
tungsvollen Quellen
FSC® C083411

© Verlag Herder GmbH, Freiburg im Breisgau 2019
Alle Rechte vorbehalten
www.herder.de

Die Übersetzungen der Bibelzitate sind vom Autor
eigenhändig angefertigt.

Satz: post scriptum, Vogtsburg-Burkheim
Herstellung: CPI books GmbH, Leck
Printed in Germany

ISBN Print 978-3-451-38315-1
ISBN E-Book 978-3-451-81561-4

Unseren Freundinnen und Freunden

Inhalt

Vorwort   9

Zwischen Tränen und Glücksgefühlen:
Glauben, Leben und Lieben   13
Über die Liebe   15
Unsere Beziehung - Leben im Dual   22
Gemeinsam älter werden   34

Krankheit und Sterben - Aus Irenes Tagebuch   39
Eine Achterbahn der Gefühle   41
Hoffnungsvolle Unterbrechung: Weihnachten 2016   60
Gespräche über das Leiden   72
Selbstbestimmung zwischen Achtung und Kränkung   86
Sich das Leben und die Liebe erzählen   100
In deine Hände   118

Liebende Erinnerung und Geschichten vom Jenseits   129
Ein Meer von Tränen   131
Ein Gespräch mit Meister Eckhart über Gelassenheit   133
Geschichten vom Jenseits   140

Nachwort   149

Über Irene Mieth 152

Biografie 152

Veröffentlichungen (Auszug) 153

Anmerkungen 155

Nachweise 158

Bibliografie 158

Vorwort

Flores mei fructus – »meine Blüten wurden zu prächtiger und reicher Frucht«. Diese Bibelstelle aus Jesus Sirach (24,17) war für Meister Eckhart (1260–1328) besonders kennzeichnend. Er hat bei seinem Antritt als Provinzial der Dominikanerprovinz Saxonia in Erfurt eine Vorlesung gehalten und gepredigt. Weil die Blüte der Ursprung der Frucht ist, ist ohne diesen Ursprung nichts möglich. In gleicher Weise, so Eckhart, hängt alles vom göttlichen Ursprung ab.

Für Irene und mich hatte Meister Eckhart stets eine bedeutende Rolle in unserem Leben und so wählten wir die Weinblüte mit dem lateinischen Spruch als Emblem. Auf der Erfurter Krämerbrücke fertigte Designerin Ute Wolff-Brinckmann daraus eine Anstecknadel, die wir, wie andere Freundinnen und Freunde des Meister Eckhart, gern getragen und verschenkt haben. Die Weinblüte wurde zum Sinnbild unseres gemeinsamen Lebens, Schaffens und Denkens. Sie befindet sich inzwischen in abgewandelter Form auf dem Grabstein von Irene Mieth auf dem Stadtfriedhof in Tübingen und ist nun auch auf dem Cover dieses Buches abgebildet.

Dieses Buch ist ein Bekenntnis. Es ist das letzte, das wir auf besondere Weise gemeinsam geschrieben haben. Es enthält das Tagebuch, das Irene in den sechs Wochen von der Diagnose ihrer Krankheit bis zu ihrem Sterben am 17. Januar 2017 geführt hat. Es ist in kurzen Zeilen geschrieben. Manchmal ähneln sie der Figur der »Elfchen«, die eine Art Raute bildet, die Zahl der Worte steigert und wieder zurückführt. Diese Form entsprach der kurzen Belastung und Konzentration, die in der Schwäche möglich waren. Es sind diese ungeschönten alltäglichen Mitteilungen, die am Anfang standen. Irene schrieb die Zeilen jedoch nicht für sich selbst, sondern für ihren Mann, ihre Familie, ihre Freundinnen und Freunde. Ihnen und all den Menschen, die uns umgeben, geliebt, gefördert und beansprucht haben, ist dieses Buch gewidmet.

Auf unserem privaten und beruflichen Weg haben wir beide in Beckingen/Saar und Hüttersdorf, in der Schweiz und vor allem in und um Tübingen wahre Freundschaft erfahren. Mit Remmingsheim verband uns nicht nur ein Haus am Dorfrand im Grünen, sondern auch das praktische und kirchliche Engagement vor Ort. Jochen Köhler hat lange Jahre dort den Gottesdienst gehalten, dann auch die Krankensalbung gespendet und die Trauerfeier für Irene zelebriert, einfühlsam und Hoffnung stiftend. Ich bin ihm zutiefst dankbar.

Nun gibt es Zeugnisse des Sterbens, selbst erlebte, geschriebene. Auch die Selbstbestimmung im Sterben, die in diesem Zeugnis eine Rolle spielt, ist bedacht worden. Ich selbst habe an der ethischen Diskussion öffentlich teilgenommen, aber auch das gelegentlich kontroverse Gespräch mit meiner Frau geführt. Irene Mieth, erfolgreiche Autorin von Büchern über religiöse Kindererziehung, Lehrerin und mit mir im ständigen ethischen, theologischen und spirituellen Gespräch, schätzte von vorneherein die exklusiv individuelle Perspektive der Lebensführung. Sie wollte darin niemanden belehren, sich aber auch von niemandem belehren lassen. Je mehr sie selbst mit Unfällen, Einschränkungen und hartnäckigen Leiden zu tun hatte - nach ihrer Pensionierung auch als ehrenamtliche Helferin in einem Altenheim -, umso weniger wollte sie sich auf einen Prozess eines betreuten Dahindämmerns einlassen.

So spiegelt das Buch die Auseinandersetzung um die religiös motivierte Eigenständigkeit des individuellen Sterbens einerseits und andererseits das Zusammentreffen von entschlossener religiöser Passivität im Leiden und Sterben mit der Suche nach der Selbstverpflichtung auf das allgemein Richtige. Die damit verbundene Kontroverse wird in zwei unterschiedlichen Sprachen geführt: der sozialethischen und der existenziellen. Diesen Unterschied gilt es zu verdeutlichen und ihn zugleich durch Erzählen zu überbrücken.

Das Erzählen, mit und durch Literatur, und die Gesprächs- und Erinnerungsgemeinschaft zweier religiös verbundener Menschen versuchen, Sterben als Form des Liebens zum Ausdruck zu bringen - als eine tiefe und unabweisbare Erfahrung. Von »Sterben und Lieben« ist hier, unmittelbar in der Sprache der Sterbenden, mittelbar im Nachsinnen, die Rede. Der Tod wird nicht im Sinne der Literatur als eine Behauptung der Liebeseinheit gegen ein verweigerndes, feindliches, unter Umständen auch normatives Umfeld romantisiert. Es geht vielmehr um das Leben der Liebe in den Einschränkungen der Krankheit, um ihre Endlichkeit und ihre Unendlichkeit zugleich. Die gemeinsame Erfahrung einer christlich gelebten Ehe und ihrer religiösen Intensität bewahrheitet sich in der gegenseitigen Begleitung: Die Sterbende tröstet, der Überlebende ist untröstlich. »Sterben und Lieben« ist eine über das Leben hinausweisende Erfahrung, denn »stärker als der Tod ist Liebe«.

Die gemeinsame Suche nach einer religiösen Tiefendimension, die man »Mystik« nennt, vereinte uns. Beide beschäftigten wir uns über Jahre hinweg mit der Mystik Meister Eckharts. Meine Frau las aufmerksam meine Schriften Korrektur, und sie beriet mich einfallsreich. Sie sagte dann scherzhaft, wenn ich sterben würde, wartete Meister Eckhart bereits am Himmelstor. Nun aber sprach sie von ihrem Glück, vor mir zu sterben. Ich weiß jetzt, nach mehr als einem Jahr, was sie damit meinte. Denn in ihrem Arm werde ich nicht sterben dürfen, so, wie sie in meinem Arm gestorben ist. Dennoch: Lieben, auch in der Schwachheit, ist immer wieder ein zu spürender warmer Mantel, den Hoffnung und Glaube uns um die Schultern legen. Ein Spüren des Spürens ist eine Ahnung von dem, das in uns wirkt, ohne dass wir selbst es bewirken können.

Zwischen Tränen und Glücksgefühlen:
Glauben, Leben und Lieben

Über die Liebe

Eine musikalische Annäherung

»Einst glaubtest du, aber du brauchtest Beweise. Ist die Liebe ein Beweis?«, fragt sich der Sänger im *Hallelujah* von Leonard Cohen (1934-2016). Der Song in der englischen Originalfassung provoziert. Er ist kein Diskurs. Er ist ein Anruf. Der Liedtext skandiert sehr expressiv eine Mischung aus biblischer Erzählung und Hallelujah-Anruf.

Cohen singt über Davids Psalmengesang und dessen Komposition des »Hallelujah«. Er denkt über die Beziehung zwischen David und Batsebah, Samson und Deliah nach und überlegt, ob er in diesem Raum nicht schon einmal gewesen ist – vermutlich handelt es sich um eine Kirche: »Und ich habe dein Siegeszeichen auf dem Marmorbogen gesehen.« Ob hier auf das Kreuz in Erinnerung an Konstantins Siegeszeichen bei der Schlacht an der Milvischen Brücke in Rom angespielt wird, bleibt unbeantwortet. Der Sänger kommt zu dem Schluss: »Liebe ist keine Siegesfeier. Das Hallelujah der Liebe ist erkaltet und gebrochen ...« Er ist sich letztlich gewiss: »Ich habe mein Bestes getan, doch das war wenig. Weil ich nicht selbst fühlen konnte, versuchte ich zu berühren ... Nun stehe ich vor dem Herrn der Lieder, nichts auf meiner Zunge als das Hallelujah.«

In diesem Song mischt sich auf verschlungene Weise eine Erzählung mit einem Bekenntnis: Für den Glauben gibt es keine Beweise, vieles ist falsch und doch: Es gibt das rituelle Lied. Irene und ich bemühten uns nicht darum, diesem Lied seinen endgültigen Sinn abzugewinnen. Als Germanisten waren wir zwar darin geübt, Texte zu erschließen, aber bei diesem Song brauchten wir keine Interpretation. Auch störten wir uns nicht an dem ohrwurmartigen Ritual der Melodie. Es kam uns auf das Gefühl an, das der Song in uns hervorrief. Das Gefühl der Berührung. Das Element Kitsch, das in der Süffigkeit des Songs liegt, wurde von diesem Gefühl an den Rand gedrängt. Das Element Magie war völlig ausgeblendet. Was blieb, war die Gestimmtheit des Songs zwischen der Intensität und der Zurückhaltung, zwischen religiöser Ferne und Nähe, Zweifel und Gebet. Das schien ein Ausdruck dessen, was uns auf der Schwelle zwischen unserem aufgeklärten Christentum und der religiösen Erfahrung – heute oft »Mystik« genannt – beheimatet sein lässt.

Die unendliche Weisheit der irdischen Liebe

»Ist die Liebe ein Beweis?«, so die Frage in Cohens *Hallelujah*. Und die Erkenntnis: »Liebe ist keine Siegesfeier«. Über die Liebe haben schon viele vor uns nachgedacht und geschrieben. Es war auch stets unser ganz eigenes Thema, über das wir im Gespräch waren.

Irene machte dazu gern auf den Roman »Die Identität« von Milan Kundera (*1929) aufmerksam, der von der zerbrechlichen Liebe handelt. Der Autor lässt das Gefühl sprechen, das sich von der rein sachlichen Wahrnehmung ebenso unterscheidet wie von der bloßen Abfolge logischer Gedanken. Das Symbol, das er dafür benutzt, ist der Blick in das Auge des anderen: »Das Auge: das Fenster der Seele; das Zentrum der Schönheit des Gesichts; der Punkt, in dem sich die Identität eines Individuums konzentriert; aber gleichzeitig ein Sehwerkzeug, das ständig gesäubert, befeuchtet, mit einer speziellen Flüssigkeit, mit einer Prise Salz gepflegt werden muss. Der Blick, das größte Wunder, das der Mensch besitzt, wird zum Säubern also regelmäßig von einer mechanischen Bewegung unterbrochen. Wie eine vom Scheibenwischer gereinigte Windschutzscheibe.«[1]

Der Blick reduziert den Körper also nicht auf seine Funktionalität, sondern richtet sich auf den Menschen in seiner Ganzheit und kulminiert im wechselseitigen Anschauen. Die Bibel spricht in diesem Zusammenhang immer von der »Erkenntnis« des anderen. Die Reaktion auf die organismischen Funktionen würde wohl eher Abstand und Befremdung erzeugen. Der liebende Blick hingegen sieht anders: in »... Chantals (Geliebte) Lid sah er den Flügel ihrer Seele, den Flügel, der zitterte, der panisch flatterte.«[2] Der Liebende sucht das Bild des anderen als Korrespondenz seines Selbstgefühls. Seine Körperlichkeit wird durch die Beziehung verwandelt. Liebe ist daran erkennbar, dass man den anderen mit dem einsehenden und ergänzenden Blick erfasst. Der Liebende bei Kundera hat zu Recht »Angst« vor der Sekunde, »in der mein Blick erlischt«.

Liebe kann lehren, den anderen im Guten zu sehen, auch wenn man - realistisch »betrachtet« - seine komplexen Eigenschaften und nicht nur seine als liebenswürdig empfundenen Seiten kennenlernt. Der Eros des Blickes, der mein Ethos zugunsten des anderen motiviert, wird zum Ethos des Blickes, der die erotischen Möglichkeiten erhält und verlängert. Endlos verlängert er sie, wenn auch im Bann der Endlichkeit. Denn »endlich lieben« heißt hier, ohne Ende lieben, wenn auch nicht ohne jene Verwandlung, als die der Apostel Paulus den Tod begreift.[3] Von der Liebe heißt es auch, dass sie »bleibt«, dass von ihr nichts verloren geht. Als Jesus sagte, dass man im Himmel nicht verheiratet sei, widersprach er nur der Vorstellung der Pharisäer, die im Himmel mit einer Fortsetzung der Verhältnisse auf Erden rechneten. (Vgl. Mk 12, 20-24)
Wer ethisch von der Liebe redet und damit Treue und Gerechtigkeit in sie einschließt, redet nicht unangemessen

von den Gefühlen. Viele junge Menschen machen die unausweichliche Erfahrung, mit der sie anfangs, befangen in den Üblichkeiten unserer Tauschgesellschaft, nicht gerechnet haben: Sie stellen ethische Ansprüche, wenn sie geborgen im Arm des Eros liegen wollen. Ihr Wollen ist zugleich ihr Fühlen. Wir wollen nämlich beurteilen, wie sich unser Fühlen für uns anfühlt. Dieses Fühlen des Fühlens, wie ich es gern nenne, ist durch moralisch relevante Erfahrungen unterlegt. Gefühle sind nicht – im Gegensatz zu der Welt, die uns die Werbung vorgaukelt – eine Spontaneität, die aus dem Nichts kommt. Gewiss, das Gefühl der unmittelbaren Anziehung ist aus dem Blick, aus der Kontraktion des Herzens und »aus dem Bauch heraus«, wie manche sagen, präsent geworden. Aber es trägt in sich unsere Hoffnungen, unsere Erfahrungen, unser gewachsenes Selbst, d. h. unsere Identität, die wir nicht verleugnen können – und nicht verleugnen sollten. Dieses Fühlen trägt in sich auch die Selbstverpflichtungen, in welchen die spontane Güte des Eros verlängert werden kann. Wir sind eben verantwortlich für das, was wir uns vertraut gemacht haben.[4]

Die Schönheit und Verwunderlichkeit der Liebe

Wir können zweierlei Arten von Liebe unterscheiden. Die Verliebtheit und die habituelle Liebe. Liebe als Verliebtheit ist die strebende, die begehrende Liebe. Das soll nicht heißen, dass sie irgendwann aufhört und nur die Zeit des Anfangs für sich beanspruchen kann. Sie ist unter den gleichen Menschen wiederholbar, kann schlummern und neu erwachen. Davon zu unterscheiden, aber nicht zu trennen, ist die »eingewöhnte«, die habituelle Liebe. Sie meint die Liebe als Haltung. Die Eingewöhnung jedoch ist von der »Gewohnheit«

zu unterscheiden. Sie meint nicht einfach, dass sich zwei aneinander gewöhnt haben. Das ist viel zu äußerlich und daher viel zu schwach. Denn die Liebenden stehen ja nicht einfach konfliktfrei nebeneinander, vielmehr sind sie ineinander verwoben – manchmal auch mit Konflikten.

Wenn wir das Wort »Haltung« aufgreifen, dann meint es eine zur zweiten Natur gewordene innere Einstellung. Der Weg nach innen zu dieser Einstellung führt über viele einzelne Handlungen. Wie der Mensch handelt, so verändert er sich. Haltungen entstehen als Rückwirkungen unserer Handlungen auf uns selbst.

Durch wiederholte Handlungen des Zueinanders, des wechselseitigen Gutseins, wird das Selbst ein Anderer, um ein Bild des Philosophen Paul Ricœur zu gebrauchen.[5] Rituelle Handlungen sind wie Erzählungen, die sich in fester Form gebildet haben und sich durch Erinnerung fortsetzen. Gespräche, gemeinsame Riten, gemeisterte Wechselfälle sind Bausteine einer habituellen, »eingewöhnten« Liebe. Es wäre falsch, sie von der begehrenden Liebe, die ihr den Weg bereitet, abzulösen.

Verliebtheit und habituelle Liebe bringen zweierlei Liebesschmerzen hervor: Im Stadium des Verliebtseins, insbesondere in der Hochform der »Großen Liebe«, besteht der Schmerz in der Unerfülltheit, dem Entzug, dem Versagen, der Unerreichbarkeit, der Entfernung, den Störungen und Hindernissen, den Gefühlsschwankungen des anderen, der Eifersucht, u. v. m. Das alles kann auch in die habituelle Liebe hineinspielen, aber die habituelle Liebe liebt um der Liebe willen. Sie ist nicht bloß »objektiv«, als ginge es um ein begehrtes »Objekt«, das zugleich Person ist. Sie ist ein Projekt im Dual, eine Sehnsucht nach Vollkommenheit, nach Perfektion in der Stimmigkeit des Zueinanders und des Miteinanders. Darum ist der Liebesschmerz derer, die aus der Erfüllung des ineinander Eingewöhnens heraus das Ende und den Verlust erleben, anders, profunder.

Wir wissen, dass die Zeit den Verlust bearbeitet und womöglich die Wunden lindert, aber den Tod kann sie nicht bearbeiten. Raum und Zeit führen immer wieder in die Erinnerung, rufen sie hervor, bekräftigen sie. Das Fühlen des Fühlens ist aufgrund der eingewöhnten Liebe immer in der Bereitschaft, geweckt zu werden. Lust und Schmerz verbinden sich und suchen gemeinsam die Poesie des Klagens.

In dem Gedichtband der polnischen Lyrikerin Wisława Szymborska (1923-2012) fand ich einen Merkzettel von Irene. »Glückliche Liebe«[6] heißt das Gedicht, bei dem er eingelegt war. Hierin nimmt Szymborska die Position derer ein, die Beziehungen flüchtiger und brüchiger erleben. Sie fragt, ob dieses besondere, ausschließliche und intensive Miteinander der gefestigten Liebe denn »normal und nützlich« sei. Sie wundert sich über die gegenseitige Aufwertung und Erhebung, die nicht auf »Verdiensten« beruht. Dass Menschen so zueinanderfinden, sei nicht »gerecht«. Übliche »Prinzipien«, zu denen der Wechsel gehört, würden verletzt. Sie wundert sich, wie weit ein solch glücklich liebendes Paar von der üblichen »Welt« entfernt ist und diese gar nicht mehr wahrnimmt. »Glückliche Liebe, muss das denn sein? Takt und Vernunft gebieten, sie zu verschweigen«, schreibt die Lyrikerin. Viele wehrten sich gegen eine solche Liebe, indem sie behaupten, es gäbe sie nicht. Das mache das Leben leichter. Außenstehende haben keinen Zugang zu den geheimnisvollen »Zeremonien« der Liebenden und zu den nur ihnen vertrauten Gesten. Doch ausgerechnet auf sie fällt »von irgendwoher Licht«.

In den Strophen ihres Gedichts greift Szymborska nicht nur auf sprachlicher Ebene sakrale Motive der Ehe auf, die einem entzauberten, säkularen Zustand nicht zugänglich zu sein scheinen. Es geht hier nicht um ein einfaches Produkt von Leistung und Verdienst, sondern hinter der »glücklichen Liebe« erscheint eine religiöse Figur: die Gnade.

Liebe als Sakrament

Ausgehend von diesem Gedicht reflektierte ich beim Durchstöbern unseres Bücherregals über die Liebe im christlichen Glauben. Den Glauben, den ich mit Irene teilte und lebte. »Die Liebe hört niemals auf«, heißt es im Hohelied der Liebe (1 Kor 13,8). Sie garantiert selbst mehr als Glaube und Hoffnung. Was bedeutet es, wenn die Liebe sich wie ein Sakrament anfühlt und auch so akzeptiert und gelebt wird?

Es geht mir hier nicht um die Frage, inwiefern die Ehe ein Sakrament ist und inwiefern dies auf das Neue Testament zurückgeht. »Sakrament« meint ein Zeichen, das auf etwas Höheres und Intensiveres verweist. Dieses Zeichen geben sich zwei Menschen im Vertrauen auf ein gemeinsames Leben. Trauung und Vertrauen gehören zusammen. Eine große Dorfhochzeit, wie Irene und ich sie erlebt haben, ist ein Ereignis, aus dem sich Erinnerungen schöpfen lassen. Aber das vorbehaltlose Vertrauen ist etwas Tägliches, und es vollzieht sich im Rhythmus von Ritualen und Bildern, die es bestärken. Man kann das in einem ekstatischen »Jubilus« besingen, aber es wäre unrealistisch, hier eine Dauerbeleuchtung auf eine romantische Glitzerwelt einzuschalten. Das schöne Bild Meister Eckharts, dass in der Nacht zwar kein Licht ist, aber die vom Licht hinterlassene Wärme auf seine Wiederkehr hoffen lässt, passt auf viele wechselseitige Eindrücke.

Unsere Erfahrung als Theologin und Theologe ist, dass die gefühlte und nachvollzogene Intensität der religiös unterfütterten Beziehung nicht, wie in Szymborskas Gedicht ironisch kritisiert, zur Intoleranz oder zur Illiberalität gegenüber anderen Erfahrungen und Verhaltensweisen führt und schon gar nicht gegenüber einem Scheitern. Wir wussten um den Schmerz und die Unvollkommenheit, doch diese werden in einer religiös verankerten Beziehung bejaht, sind geborgen und von Gott getragen.

Was Paulus im Hohelied der Liebe über die Liebe sagt, die alles erträgt und dabei zunimmt, das entnimmt er menschlichen Grunderfahrungen, die aus der Sehnsucht nach dem Göttlichen kommen. Lieben ist mehr, als wir können, aber wir können mehr, wenn wir - wie Augustinus es ausdrückt - aus Gott die Liebe in uns schöpfen[7].

Unsere Beziehung - Leben im Dual

Das Zwei-Eine

»Gott ist Liebe«, heißt es im 1. Johannesbrief (vgl. 1. Joh 4,8), der Lesung zu unserer Trauung im Jahr 1968. Nicht »Gott ist *die* Liebe«, wie viele Bibelübersetzungen schreiben. Das ist für mich ein wichtiger Unterschied: Sagt man »Gott ist *die* Liebe«, also mit Artikel, so wendet man das, was man von der Liebe weiß, auf Gott an. Ohne Artikel hingegen wird deutlich, dass die Liebe Gottes dieses Wissen überschreitet und erweitert. Diese Liebe offenbart sich erst in der Überschreitung unserer Erlebnisse. Irene und ich durften erfahren, was dies konkret bedeutet.

Religion ist ein Gefühl, das auch den Gefühlen der selbstüberschreitenden und selbstfindenden Liebe erwächst. Wenn man die Flüsse der Liebe bis in ihren Ursprung, bis in ihre unverfügbare Quelle verfolgt, dann erhalten sie von dort immer wieder klar strömendes Wasser. So schreibt Kohelet sinngemäß: »Auf! Iss dein Brot mit Freude! Trink heiteren

Sinnes deinen Wein! Denn Gott hat Wohlgefallen an solchen Werken. Stets seien deine Kleider weiß! Und deinem Haupte soll das Öl nicht fehlen! Genieß das Leben mit der Frau, die du liebgewonnen hast, all deine vorübergehenden Lebenstage, die Gott dir unter dieser Sonne schenkt! Denn das ist dein Teil am Leben ... Was du dir leisten kannst mit deiner Kraft: vollbringe es! All das gibt es nicht mehr auf deinem Wege in die Unterwelt.« (Koh 9,7-10)

Die Festlichkeit des Lebens, die uns zum Projekt wurde, war nicht wie bei Kohelet von der Vergänglichkeit und von der »Unterwelt« bestimmt, sondern von der Vorwegnahme himmlischer Hochzeiten, die jede Beziehungsenge ausweiteten, sodass die Intensität der Zweiheit zur Feier der Allgemeinheit werden konnte.

Wer hat schon die Chance, sich das Leben und die Welt zu erzählen? Ich bin sehr glücklich darüber, dass ich dies zusammen mit Irene erleben durfte. Gemeinsame Erinnerung bewahrt und profiliert. Da sind die gemeinsamen Orte des Lebens, gemeinsam gestaltete und bewohnte Räume, die Bildungs- und Entspannungsreisen, gemeinsame Interessen an Literatur, Kunst und Musik, der gemeinsame Gottesdienst und der durchaus kritische Austausch über den gemeinsamen Glauben und unterschiedliche Frömmigkeitsformen.

Schon längst hatten sich die Spitzen des vielfältigen Begehrens in der Zeit des Kennenlernens in das Wohlgefühl verwandelt, ein »Zwei-Eines« zu sein, eine »duale« oder »dividuelle«, aber nicht als einzelne aufgehobene Person. Das ist m. E. nur ein scheinbarer Widerspruch zur Individualität als Einzelheit der Einheit. Um Meister Eckhart, den uns beiden vertrauten Geist, zu zitieren: »Eines als eins, das ist nichts, zwei als zwei ist getrennt, doch zwei als eins, das ist stürmische, hitzige Liebe.«[8]

Doch was bedeutet das, ein Leben im Dual? Vielleicht kann es greifbarer werden, wenn man es zunächst einmal vom Gegenteil her denkt: Zwei Menschen lieben sich und können ohne einander nicht sein. Ihre Liebe ist wie ein großer Besitzstand, in dem sie leben und wohnen können. Wenn sie aber diesen Besitzstand nicht regelmäßig pflegen, dann verlieren sie, was sie zu besitzen meinten. Es verfällt. Es ist, wie wenn die Liebe eine Nahrung wäre, von der noch viel in der gemeinsamen Speisekammer vorhanden ist. Nun wird sie Tag für Tag aufgegessen, bis nichts mehr da ist. Die Liebe ist im wahrsten Sinne des Wortes verzehrt und aufgebraucht.

Das Leben im Dual hingegen ist ein andauernder Prozess: aufbauen, bereichern, intensivieren, verewigen, Worte finden, Rituale als Wiederholung pflegen, die nicht abflachen, sondern das Leben in der Beziehung entfalten. Dual, das bedeutet: zwei Herzen, ein Körper, eine Haut. Das Zwei-Eine kennt die Bewegung nicht nur zueinander, sondern auch auseinander, findet aber immer wieder ineinander. Es ist ein wechselseitiges Insein.

Irenes und meine duale Einheit zeigt sich auch in der Arbeitsteilung ohne Rollenzuweisung. Die Aufteilung der Tätigkeiten ergibt sich, sodass hier gute Gewohnheiten entstehen. Anfangs waren wir vor allem auf den Qualifikationswegen zu unseren Berufen unterwegs. Ein wissenschaftlicher Assistent und eine Studentin und Referendarin. »Zwei in Eins«. Das wurde dann in der familiären Weite entfaltet; unsere Kinder wurden geboren. Wir wollten gemeinsam für sie da sein, sie keinesfalls abgeben. Also wollten wir alles so vorbereiten, dass sich auch in dieser Hinsicht Träume erfüllten. Dass es so einfach nicht ist, haben wir gelernt. Ein Programm hatten wir auch. Es hieß: Kinder erziehen ihre Eltern.

In dieser Zeit galt es, den familiären Plural anzunehmen und den ehelichen Dual zu verteidigen. Wir nennen uns bei unseren Vornamen, auch als Eltern. Und wir brauchen unser Eigenleben, denn wir wollten uns nicht allein durch die Bedürfnisse der Kinder bestimmen lassen. Für uns war klar: Die Familie darf die Beziehung nicht schlucken.

Als Eltern lieben wir uns anders, und wir rücken in der Aufgabe noch enger zusammen. Familie bildet ein Ritual für Geborgensein, für die Weitergabe der Überzeugungen, auch für Unterbrechung von diesen. Unser Leben blieb auch als Eltern sehr dynamisch, gerade auch in Bezug auf unsere Arbeits- und Lebensorte. Immer wieder zelebrierte Heimkehr in das Nest, in die Umsorgung. Dazu die Vertreibung aus beruflichen Gründen, das neue Zelt, Erweiterungen, Spannungen. Verfremdung. Kontinuitäten und Brüche. Familie in unserem gelebten Sinn war Gleichheit und Ungleichheit zugleich. Bewahrung des Konservativen und entschlossener Aufbruch aus den üblichen Rollenzuweisungen.[9] Das Woraufhin war neu. Das »Woher« enthielt hingegen viel Tradition, kirchlich und gesellschaftlich.

Das schöne Gespräch

Wer eine Ehe als bleibende Vertraulichkeit sucht, braucht die Hoffnung auf ein unendliches Gespräch mitten im endlichen Leben. Das »schöne Gespräch«, wie Thomas Mann es nennt, braucht Gemeinsamkeiten, an denen es anknüpfen kann, Bestätigungen von Überzeugungen, wechselseitige Aufwertung, ein Reservoir neuer Erfahrungen und neuer Themen, die den Austausch fördern. Es braucht zugleich auch das aufmerksame Zuhören, die Verarbeitung, die Erinnerung, das Wecken des Erzählgeistes und des gemeinsamen Protests. Dabei entsteht eine Dynamik, wenn man gemeinsam mit problematischen Geschehnissen und unfairen Abläufen »nicht einverstanden« ist. Das Gespräch ist zugleich der Motor des gemeinsamen Engagements, auch wenn es sich auf verschiedenen Ebenen vollzieht. Zugleich ist es ein Ort der Offenheit, der Solidarität und der gegenseitigen Unterstützung im Sinne des traditionellen *mutuum adiutorium*.

Ich war immer der Überzeugung und bin es noch heute: Liebe heißt, miteinander bis zum Tod im Gespräch bleiben. Mit Irene hatte ich die ideale Partnerin an meiner Seite. Zusammen wollten wir das erleben. In den Jahren unserer Partnerschaft und Ehe haben wir viel erzählt. Auch und besonders in dem Jahr vor Irenes Tod haben wir vieles erinnert.

Was wir gemeinsam unbedingt wollten, als wir unser Zusammensein entwarfen, war einerseits ein Bruch mit Traditionen. Wir wollten, so betonte Irene immer wieder, keine feste Rollenaufteilung. Wir wollten beide unseren beruflichen Weg verfolgen und uns die Haushaltsarbeit und Lebensorganisation teilen. Sie erinnert mich daran, dass ich noch in den Siebzigerjahren im Schweizer Dorf großes Aufsehen erregt habe, wenn ich zur Arbeitszeit den Kinderwagen zum Einkaufen schob. Ursprünglich wäre Irene nicht so viel daran gelegen gewesen, einen festen Beruf auszuüben, aber letztlich war sie doch dankbar dafür, dass ich ihr gegenüber auf einer festen beruflichen Entwicklung bestand. Gewiss, Irene hat später in Elternzeiten auch freiberuflich und als Autorin gearbeitet, aber die Basis dafür war die Religionspädagogik. Sie hat sich auch immer gern nebenberuflich engagiert. Deutsch als Fremdsprache unterrichtet und in der Diakonie und Altenpflege mitgearbeitet. Dort hat sie an vielen Nachmittagen mit den Senioren gespielt und gesungen. Sie hat viel Leid und Vereinsamung beobachtet. Ihre demente Mutter hat sie, im Wechsel mit ihrer Schwester, zwei Jahre bis zu deren Tod zu Hause gepflegt. Von Irenes vielen und persönlichen Eindrücken und Erfahrungen hat sie mir oft erzählt. Ich wiederum verwandte sie für meine sozialethischen Reflexionen.

Dieser Austausch war uns immer wichtig gewesen. Wir hatten zeitweise unsere Konflikte mit kirchlichen Autoritäten, ich über einen längeren Zeitraum hinweg als Irene. Wir konnten gemeinsam über die kleinkarierten Kirchlichkeiten lachen und waren doch eifrig im Kirchenbesuch. Wir engagierten uns in der besonderen Form der kleinen Remmingsheimer katholisch-ökumenischen Gemeinde, für die wir langjährig unseren priesterlichen Freund gewinnen konnten. Irene bestand darauf, nachdem ganz am Anfang einmal ich eingeladen, gekocht und Wein serviert hatte, dass zu jedem Gottesdienst anschließend eine gemeinsame Mahlzeit stattfand. Dies wurde dann bald in andere kompetente Hände gelegt ... bis auf den Wein.

Im Sinne der gleichwertigen Aufgabenverteilung in Beruf und Haushalt waren wir also »modern«. In einem Punkt jedoch wollte Irene nicht »modern« sein; sie wollte alles, was Frauen bisher hatten: die Aufmerksamkeit, die Höflichkeit, die Sprache der verehrenden Liebe, die Rücksicht auf die Unterschiede. In den familiären Ritualen war stets sie die Tonangeberin. Ich war aber auch nicht nur zufrieden, sondern sehr glücklich, das mit ausführen zu dürfen, was Irene erdacht und geplant hatte.

Irene hat sich immer gegen ein Verständnis von Partnerschaft im Sinne eines »gemischten Tennisdoppels« gewehrt, weil es ihr darauf ankam, dass wir als Frau und Mann nicht dasselbe Spiel spielen. Sie war sehr dafür, die Unterschiedlichkeit zu wahren, ohne eine Überordnung zuzulassen. Das Miteinander sollte keine schlichte Verdoppelung sein. Dabei ging es ihr nicht nur um eine geschlechtliche Differenz, in welche Natur, Geschichte und Gesellschaft hineinspielen, sondern auch um Individualität, d. h. die eigene Ausprägung solcher Einflüsse, um das eigene Selbst. Aus dieser Perspektive kamen ihr später die Auseinandersetzungen zwischen Natur und Gesellschaft im Blick auf »Gender« eher seltsam vor. Andererseits war sie mit den Erwartungen von heldenhafter Männlichkeit und zartfühlender Weiblichkeit besonders in der Fassung eines katholischen Hirtenbriefes der Bischofskonferenz zum Tag der Heiligen Familie in den 1950er-Jahren für unser Zusammenleben nicht einverstanden. Sinngemäß hieß es dort: »Der Jungmann schenke der Jungfrau sein ritterliches Beschützen, die Jungfrau schenke dem Jungmann ihr mütterliches Behüten.« Die Charakteristik von Vorbildern, die einen Geschlechtsnamen tragen, ist sicherlich sozial präfiguriert und religiös pointiert. Aber, da war Irene sicher, unter all diesen Variablen kann sich jeder seine Konfiguration selbst - und gemeinsam mit dem Partner - erstellen. Wichtig ist uns immer gewesen, dass wir uns ineinander einfühlen können: dass wir fühlen, wie der andere fühlt.

Das Fühlen des Fühlens

Kann man das Fühlen fühlen?, fragte ich mich oft und bin der Meinung: Jeder kann nachempfinden, dass ein tiefes Gefühl in der Vergangenheit - in der Erinnerung als Vergegenwärtigung - zum Leben erweckt wird, als sei es vorher in einen Schlaf gefallen. Das ist zu üben. Wiederholt lebendig geworden, gleichsam auferstanden, ist das Gefühl abrufbar präsent, es ist ein Teil unseres Selbst.

Gemeinsam entwickelten Irene und ich eine Strategie der Wiedererweckung von Gefühlen und betteten sie in die erinnernden Gespräche ein. Diese Präsenz des gefühlten Fühlens als andauernde Gegenwart ermöglicht eine Steigerung der Intensität in der Beziehung. Das Fühlen des Fühlens verändert sich in der Liebesgeschichte. Es weist besondere Empfindsamkeiten und besondere Empfindlichkeiten auf. Daraus entsteht die gegenseitige Rücksicht. Das Selbstinteresse geht nicht verloren, aber es mischt sich mit dem Interesse am Wohlsein des anderen. Es gibt keine Erwartung, dass das eigene Selbst durch den andern erhöht oder gar gerettet werde. Denn das in der Liebe zurückweichende Selbstinteresse wird neu vom anderen geschenkt. Umsorgt zu sein, wirkt wie eine ständige Aufwertung, wenn sie die Selbstbestimmung respektiert. Zugleich ist die aktive Sorge eine Selbststeigerung. In der Liebe ist der Geber nie der Verlierer. Liebe kann gut mit Fehlern leben, muss aber ihren Ärger ausleben können. Dass die katholische Ehe zugleich ein Sakrament sein kann, ist keine Last, sondern eine religiöse Lust. In Anlehnung an Meister Eckhart kann man auch sagen: Gott wirkt und wir werden. Vor allem, wenn wir miteinander wirken, beim Kochen, im Garten, beim Schreiben, beim Erkunden von Möglichkeiten und bei der Abstimmung gemeinsamer Unternehmungen, ist das Mitwirken eine irdische Ebene des Mitwirkens mit Gott. So ist im Lauf der Jahre das »Schauen mitten im Wirken« eines meiner religiösen Themen geworden.

Ein biblisches Bild »Maria saß zu seinen Füßen«

Das »Schauen mitten im Wirken« hat mit meiner theologischen Beschäftigung mit der biblischen Erzählung von Maria und Martha (Lk 10,38-42) zu tun.[10] Maria von Bethanien (damals mit Maria Magdalena identifiziert) sitzt zu Füßen des Gastes Jesus, während Martha in der Küche arbeitete. Nach einer Weile fragt Martha: »Herr, kümmert es dich nicht, dass meine Schwester die Bedienung mir allein überlässt?« Und Jesus antwortet: »Martha, Martha, du machst dir Sorge und Unruhe um viele Dinge. ... Maria hat den guten Teil erwählt ...«

Eine originelle Auslegung dieser Geschichte stammt von Meister Eckhart. Um seine Predigt über diese biblische Szene zu verstehen, beschäftigte ich mich mit ihrer spirituellen Auslegung über viele Jahrhunderte hinweg. Nach einer langen Auslegungstradition bei den Kirchvätern und bei den Mönchen des Mittelalters hatte Maria, die Jesus zuhörte, den besten Teil (*optima pars*) des christlichen Lebens erwählt. Dieser »beste Teil« des Lebens – sowohl in philosophischer als auch in christlicher Tradition – bestand in der Schau der höchsten Dinge, letztlich der Gottesschau. Meister Eckhart hatte nun eine exegetische Entwicklung abgeschlossen, in welcher der eifrige Dienst der Martha als Unterbrechung der Kontemplation für die Nächstenliebe aufgewertet wurde. Er hatte diese Entwicklung aber so weit geführt, dass er Martha als die eigentlich Schauende mitten im Wirken für den Gast beschrieb. Während Martha also in der Gegenwart schauend wirkte, lag der Anteil Mariens am vollkommenen Leben erst in einer Zukunft. In dieser Zukunft würde Maria selbst zur im Wirken schauenden Martha werden, um dann eine »Apostolin« zu sein.

Dieses Motiv, das später Ignatius von Loyola *contemplativus in actione* (beschaulich mitten in der Tätigkeit) nannte, war uns beiden seit unserer Zeit in Würzburg (1965–1967) sehr vertraut, weil es das Motiv meiner theologischen Doktorarbeit war. In diesem Zusammenhang sagte Irene einmal zu mir: »Würde man diese beiden biblischen Charaktere auf uns übertragen wollen, so bin ich, Irene, eher die Maria, eine Zuhörerin, die gelegentlich zum Aufstehen ermuntert werden muss. Du hingegen bist stets eine Art aktive Martha, voller Energie, kaum zu bremsen und immer unterwegs. Zugleich bist du aufmerksam auf die Eingebungen, die dir mitten im Wirken entgegenkommen. Meister Eckhart hat dich darin bestärkt, das Leben als *Wirklichkeit*, als einen Prozess des Wirkens zu betrachten. Als einen Prozess des Wirken Gottes *und* des Menschen. Mitten im Wirken schauen, das war schließlich nicht nur der wissenschaftliche, sondern auch der spirituelle Ertrag deiner Doktorarbeit.«

Irene mag in manchen Punkten recht gehabt haben. Sie überließ mir auch gern diese Martha-Rolle. Geschäftigkeit war nicht ihre Art. Stress mochte sie nicht, aber Sorgfalt. Lieber nahm sie weniger Schulstunden, als diese unzureichend vorzubereiten. Maria musste bei Eckhart erst das tägliche »Gewerbe« lernen, dann erst wurde sie »Apostolin.« In Irenes Fall war das tägliche »Gewerbe« im Haushalt die Wäsche. Sie wusch und bügelte ganz gern. Für gewöhnlich kochte ich dagegen alltäglich, wenn ich zu Hause war. Im Dezember 2016 war Irene bereits eine Woche im Krankenhaus und ich übernahm ihre Aufgaben. Beim Aufhängen der Hemden fragte ich mich, warum ihr eigentlich das Waschen so zusagte. Dazu habe ich ihr letztlich ein Gedicht geschrieben, in dem ich versucht habe, ihre Gefühle transzendierend auszudeuten. Freilich gebe ich den Empfindungen der Glätte, der Sauberkeit, des frischen Geruchs, meine Richtung; die Bedeutung des »Fühlens des Fühlens«.

Meditativ mitten im Wirken – eine Hemdenwäsche

Wäsche verwandeln ist wie Weihnachtskerzen anzünden:
Ein neuer Duft erfreut den Geruch.
Er strömt durch die Luft,
belebt die inneren Sinne.
Ein leichter Dunst zieht durch den Raum,
treibt die Trockenheit aus.

Die Nässe glättet schon, dann greifen die Hände zu,
hängen die Hemden an Bügeln.
Knopf für Knopf mit dem gleichen Handgriff schließen,
am Hals, am Bauch, vom Kragen bis zur Taille,
rund liegt der Knopf in der Hand und schiebt sich
in die sperrigen nassen Knopflöcher.
Da hängen die sieben Hemden wie sieben Brüder
und sieben Raben, die auf ihre Verlebendigung
durch die Wärme des Körpers warten.
Jeder Knopf ist eine Perle des Rosenkranzes,
er reiht sich wortlos in das reine Werk.
Die Hemden berühren einander
und schwingen beim Trocknen
wie Engelsflügel am Christbaum mit den Kerzen und Kugeln.

Wieder tun die Hände ihr kundiges Werk
beim Zusammenlegen, beim Glätten der Ärmel
und der sich unwillig ringelnden Hemdenschöße.
Nur der Kragen ist keiner Arbeit bedürftig,
behauptet und härtet sich selbst und wartet darauf,
sich anzuschmiegen an ein pulsierendes Rund.

Ein Stoß duftender Hemden wird geordnet und liegt
als greifbares Angebot für die Krawatte unter dem Sakko.

Der Stoß summt das Lied der Ordnung des Herzens,
ordre du coeur, meditativ mitten im Wirken.
Er merkt es nicht, der Geliebte, wenn er sich kleidet,
selten gedenkt er der zärtlichen Pflege.
Doch erwirkt wird der handelnde Mensch selbst,
auf ihn wirkt sein Tun zurück. Sie wird sie selbst,
ganz wie die Musikerin durch ihr Harfenspiel, das sie pflegt.
Die vollkommene Wäsche - der vollkommene Mensch.

Dietmar für Irene, Dezember 2016*

---

* Ich schrieb diese Zeilen und brachte sie Irene ins Krankenhaus.
Das Gedicht greift die Geschichte von Maria und Martha auf: was empfindet Martha, die in der Weitererzählung von Lk 10,38-42 bei Eckhart
nicht nur als Köchin, sondern auch als Wäscherin der Jünger erscheint,
wenn sie »im Wirken schaut«? Ich wollte nachempfinden, was Irene dabei empfand, wenn sie meine Hemden aufhängte. Ich wollte mir dieses
Empfinden von ihr als ihr eigenes Empfinden bestätigen lassen. Ja, sie
bestätigte die Entsprechung von Gefühlen und Worten und behielt das
Gedicht bei sich.

Gemeinsam älter werden

Aufbruch in einen neuen Lebensabschnitt

Vermutlich können uns Paare gut verstehen, die gemeinsam durch das Leben gewandert sind und dabei erfahren haben, wie sich die Beziehung stets verändert. Im Älterwerden kehrt mehr Gleichmaß ein – aber nicht zu viel davon und ohne Verlust von Spannung. Es gibt schon längst eine Ritualisierung des Streitens, obwohl es an gelegentlicher Heftigkeit nichts ändert. Ebenso gibt es eine Ritualisierung der Versöhnung. Mann/Frau fragt sich später, worüber man sich eigentlich geärgert hat, wo man warum von der Bahn des Gleichklanges abgekommen ist. Irenes Bedürfnis nach Gleichklang ist stark entwickelt, ebenso mein Bedürfnis nach Auseinandersetzung. Das eine macht besonders sensibel für unerwünschte Unterschiede, das andere kränkt das Harmoniebedürfnis. Dabei kann das Harmoniebedürfnis ebenso Zwänge entfalten und als Belastung wahrgenommen werden wie Auseinandersetzungen als überflüssig wahrgenommen werden können. Stören sich aber die Kinder am Streit ihrer Eltern, dann wehren sich diese gemeinsam und behaupten im Namen ihres eigenen Duals das gepolsterte Terrain, auf dem sie laut werden. Familie blieb uns immer wichtig. Die Möglichkeit, an Ostern, im Sommer und an Weihnachten alle in unserem geräumigen Haus zusammenzuführen, haben wir sehr genossen, ja zelebriert.

Ab dem Jahr 2009 waren wir öfter zusammen in Erfurt, wo ich an einem Forschungsprogramm teilnahm und den Boden für eine bessere Wahrnehmung Meister Eckharts zu bereiten versuchte. Ein gemeinsames Zimmer in der Stadtmitte ermöglichte uns beiden ein ganz anderes Ambiente, das einer neu erlebten, schönen Stadt und ihrer vielfältigen kulturellen Umgebung. Gern gingen wir aus und besuchten die Oper. Inzwischen hatten wir an vielen Orten auch gemeinsame Freunde; vor allem in der Schweiz, im Schwäbischen und in Erfurt. Wir luden sie ein, uns in Erfurt zu besuchen, nicht nur im Zusammenhang mit Meister Eckhart, dessen Gedanken uns nie ermüdeten. Auch der Besuch der DomStufen-Festspiele mit Sohn und Schwiegersohn war schon ein Ritual geworden. Hiervon gibt es noch lustige Fotos vom Sommer 2016. Nichts deutete damals auf Irenes gesundheitlichen Einbruch hin. Allenfalls ihre Knieschmerzen hinderten uns an längeren Wegen. Seit ihrem Unfall in Paris im Dezember 2011, bei dem sie aus dem Nichts umgeknickt war und sich zudem einen Trümmerbruch im linken Ellenbogen und Oberarm zugezogen hatte, war es nicht mehr ganz geheilt. Besonders auffällig war dies bei unserer gemeinsamen Teilnahme an einer Andalusien-Reise 2014. Wir gingen viele, steinige Wege in wundervollen Städten wie Sevilla, Cordoba und Granada. Je nach Tagesform ging es mal besser, mal schlechter. Aber das unterschiedliche Tempo riss die Gruppe immer wieder auseinander.

Im Jahr 2015 fuhren wir nach Würzburg, um dort zu zweit die Zeit unseres Kennenlernens im Jahr 1965 zu feiern. Heute kann ich sagen, es war gut so, denn den goldenen Hochzeitstag im Jahr 2018 haben wir nicht mehr gemeinsam erleben dürfen.

Die Erschütterung aller glücklichen Altersträume

Irenes wiederholte Erfahrungen andauernder Schmerzen und besonderer Abhängigkeiten wirkten bei ihr tief und schlugen ihr aufs Gemüt. Sie fand sich durch diese Tiefen hindurch, mit ihrem Humor und mit ihrer Liebe zu Mann, Kindern und insbesondere zu ihrem Enkelkind. Im November 2016 standen aber nicht mehr die Kniebeschwerden im Vordergrund, sondern heftige Rückenschmerzen im Bereich des Brustbeins. Angesichts der weiter ansteigenden und bewegungsbehindernden Schmerzen wurde sie orthopädisch untersucht und ein Brustwirbel-Syndrom festgestellt. Doch die Schmerzen hielten an und waren bald trotz der Einnahme hochdosierter Schmerzmittel so unerträglich geworden, dass wir schließlich am späten Abend des 1. Dezember 2016 die Universitätsklink aufsuchten. Nach vielen gründlichen Untersuchungen lautete die Diagnose:

> Ossär metastasiertes Mamma-Karzinom NST links,
> Stadium IV, ED 12/16
> Körperlicher Untersuchungsbefund: OK
> Allgemeinzustand durch Schmerz reduziert.

Sogleich begann die Behandlung mit starken Medikamenten zur Linderung der Schmerzsymptomatik. Laut der Ärzte sollte so schnell wie möglich eine »operative Stabilisierung« erfolgen. Irene jedoch verweigerte die Verlegung in die Orthopädie in Vorbereitung auf eine OP. Ihre erste Reaktion auf die Diagnose: »Ich habe mir immer gewünscht, vor Dietmar zu sterben.«

Ich hingegen holte sofort eine weitere ärztliche Meinung ein und begann, den Informationsdienst des Deutschen Krebsforschungszentrums in Heidelberg zu studieren. Es stellten sich mir so viele Fragen: Welche Behandlungsansätze kommen infrage? Welche Medikamente zur Schmerzlinderung gibt es? Welche Folgen hat die Strahlentherapie in Irenes Fall? u. v. m.

Gute Ärzte sind erfahrene und kommunikative Problemlöser. Sie lassen sich Zeit für ausführliche Consilia, wenn es darum geht, mehrere Faktoren zugleich zu berücksichtigen. Wenn sie die Problemlösung – den Eingriff, oder die Therapie – zu Ende besprochen haben, fangen sie an, aufgrund des Krankheitsverlaufes, der Verfügbarkeit und der Handhabbarkeit der Problemlösung zu drängen. Ihr stärkster Konkurrent ist immer die Zeit.

Es gibt in diesem Fall kein bedrängendes Verhalten seitens der Ärzte, aber die Zeitfrage wird von Irene als bedrängend *empfunden*. Das ist ein Unterschied. Sie sagt zu mir: »Die Ärzte können wieder nicht warten.« Und es quält sie die eine entscheidende Frage: Soll sie der Operation zustimmen? Sie hat keine Kraft mehr für Auseinandersetzungen. Der Philosoph Heinrich Rombach, bei dem wir beide studiert haben, wies einmal auf Folgendes hin: In der Entscheidung entdeckt man seine Entschiedenheit und entscheidet sich für seine Entschiedenheit.[11] Irene hat sich zu ihrer in der Patientenverfügung bereits ausgeführten Entschiedenheit entschieden. Darin hielt sie fest:

— Alle ärztlichen und pflegerischen Maßnahmen sollen auf die Linderung von Beschwerden gerichtet sein, selbst wenn durch die notwendigen Maßnahmen eine Lebensverkürzung nicht auszuschließen ist.
— Keine künstliche Ernährung durch ärztliche Eingriffe.
— Durstgefühle sollen auf natürliche Weise gestillt werden.
— Wiederbelebungsmaßnahmen sollen unterlassen werden.
— Auf künstliche Beatmung soll verzichtet werden.
— Nur Medikamente gegen Atemnot. Bewusstseinsdämpfung wird dann in Kauf genommen.
— Keine Dialyse.
— Keine Antibiotika.
— Keine Gabe von Blut.
— Vorzugsweise und nach Möglichkeit zu Hause behandeln.

Irene hat in ihrem Leben immer viel geschrieben und streckenweise Tagebuch geführt. Ihre Gedanken, ihr Fühlen hielt sie auch in den folgenden Wochen, Tagen und Stunden fest.

Krankheit und Sterben –
Aus Irenes Tagebuch

1.-13. Dezember 2016:
Einlieferung in die Universitätsklinik

Im Dezember 2016
Beim
Lesen dieses
Büchleins nicht nur
weinen – ihr dürft auch
lachen!*

Schmerz
stechend scharf
brennend wie Feuer,
dumpf bohrend,
packend, krallend
Höllenqualen.

Advent
der Tod
kommt zu mir
nimmt mich mit an
Weihnachten.

Sterben
letzte Chance
Ungesagtes zu äußern
in Blicken, Gesten, sanften
Berührungen.

* Diese Zeilen wurden nachträglich am 13. Januar 2017 eingefügt.

Mein
größter Wunsch
hat sich erfüllt:
Ich werde vor Dietmar
sterben.

Keine
Ruhe finden
nicht schlafen können
Angst vor Ungewissheit und
Schmerzen.

Musik
zur Ablenkung
ist nicht beruhigend
unerwartet laut und aufschreiend
stundenlang.

Stille
oder Musik
was ist vorzuziehen
auf der Suche nach
Schlaf?

Was
man verworfen
hat an Schlaf,
muss man ertragen an
Schlaflosigkeit.

Schmerzfrei
und ruhig
will ich sterben

ermöglicht durch gut dosierte
Palliativmedizin.

Notruf
um drei Uhr fünfzehn
der Pfleger kommt
gibt mir drei Pillen
Baldrian.

Sich
Angst eingestehen
und damit umgehen
wie lernt man das?

Angst
überwältigt mich,
hält mich fest,
unbezwingbar.

Lesen
als Ablenkung
fällt leider aus.
Ein Buch zu halten –
schwierig.

Zeit
schleicht dahin,
will nicht vergehen.
Gedichte helfen auch nicht.
Beten?

Vier Uhr dreißig
ein Gedankenblitz:

N. anrufen und mit ihr
ein Buch planen –
Zukunft.

Ist
menschliche Zuwendung
besser als Pillen
und Tag und Nacht
möglich?

Psychopharmaka
verändern mich.
Permanente Hochstimmung passt
nicht wirklich zu mir –
Alternativen?

Vier Uhr fünfzig
nie mehr
eine Nacht ohne
gut dosierte Schmerz- oder
Schlafmittel!

Beipackzettel
wären hilfreich
ich möchte wissen,
worauf ich mich einlasse –
Autonomie.

Mich
dem Arzt
überlassen, seinem Wissen
und seiner großen Erfahrung
vertrauen.

Echte
Gefühle zulassen
Angst und Trauer,
aber ohne körperliche Schmerzen –
unmöglich?

05.12.2016
6 Uhr
Geräusche im Flur
die Klinik erwacht
Nachrichten NDR.

6.08 Blutentnahme
7.30 Puls, Blutdruck, Tabletten

Diagnose
Brustkrebs streuend
in die Wirbelsäule
Bestrahlung und Hormone
als Therapie.

Blutentnahme
mühsame Suche
nach einer Vene
muss auch noch sein
wozu?

07.12.2016
Früh
am Morgen
tropfen die Tränen

der Wunsch nach Psychopharmaka
wächst.

7.15
Schmerzen
in der linken Brust.
Klingeln.
Feste und flüssige Gaben
wirken sofort.
Danke!

Nur
schmerzfrei sein,
nichts sehen,
nichts hören
Ruhe.

9.15
Schmerzfrei
im Moment
Gott sei Dank,
hoffentlich hält es vor.

9.35
Noch ungewaschen
soll ich klingeln?
Sich den Abläufen geduldig
ergeben?

Ich
möchte weinen,
immer nur weinen,

alle Gedanken und Gefühle
fortspülen.

10.45
Große Visite
Mammakarzinom im Griff
Metastasen in der Wirbelsäule
das größere
Problem.

Geräusche
kommen und
gehen. Ich lasse
sie kommen und gehen.
Meditationsübung.

Ich
bin dreiundsiebzig,
zufrieden und dankbar
für ein gutes Leben.
Abschied.

08.12.2016
6.00 Blutentnahme
7.20 Blutdruck, Puls, Fieber
7.30 Putzen (Tisch)
7.35 Medikamente
Schmerzbeginn am rechten Schulterblatt
Pantoprazol
7.40 Tilidin
8.00 Schmerz lässt nach
nicht wirklich

8.07 Putzen
10.30 Frühstück abgeräumt
10.45 zum Echo
geht nicht im Bett
10.50 abgesagt
11 I. ruft an
11.40 Visite
13.15 Waschen im Bett, Zähne putzen
14.03 Mittagessen abgeräumt
14.40 Zur Herzuntersuchung abgeholt (mit Bett)
15.55. zurück
16.05 C. zu Besuch

An
das Kind denken
macht mich traurig
bringt mich immer zum
Weinen

Dietmar,
mein Herzallerliebster,
Geliebter meiner Seele
wirst du bei mir sein?

Abschied
tut weh
immer nur weinen,
nichts lenkt mich ab
Trauer.

Wie
viel Trauer
muss man zulassen?

Trosthörig zu sein
ist kein positives
Gefühl.

09.12.2016
Angst
vor Schmerzen
noch größer als
der Gedanke an den
Tod.

Schmerz
lauert unter
meinem rechten Schulterblatt
jederzeit bereit zuzupacken und
festzuhalten.

10.12.2016
Der
Schmerz wächst
an meinem rechten Schulterblatt,
beißt, sticht, wetzt die
Kralle.

Nebenan
würgt sich
einer die Seele
aus dem Leib – Tag und
Nacht.

11.12.2016
Schmerz
meldet sich
leise und zart
wie ein fernes
Echo.

Weinen
warum nicht
Tränen reinigen Erinnerungen
und geben ihnen neuen
Glanz.

Schmerzfrei
neben Dietmar
an seiner Hand;
ruhig atmen, Musik hören
Lebensqualität.

Eben
war ich
noch im Sterbemodus
jetzt schöpfe ich wieder
Hoffnung.

Ich
kann mich
nicht mehr umstellen
vom Tod auf das
Leben.

12.12.2016
Visite
Ich werde entlassen,
kann morgen gehen,
Sozialdienst geregelt.

Besuch vom Sozialdienst: Dietmar erhält Information und
Formulare. Pflege organisiert.
Hinfahrt liegend. Gegen 11.00

19.00 Visite: Doch OP an der Wirbelsäule: zeitnah nach
Weinachten?

Wirst
du das
wirklich aushalten können,
Urinbeutel und Gestank, Tränen
und Schmerzen?

Enttäusch mich nicht
halte dein Versprechen,
bleib bei mir bis zum
Ende.

14.-17. Dezember 2016: Zu Hause

14.12.2016
Morgens zu Hause,
dankbar und glücklich.
Worte finden für
Gefühle, für die
es keine Worte
gibt.

Welch unerwartetes Geschenk:
Sie sagt zu mir: Mama-Schatz.

Dass
man am
Ende seines Lebens
nur noch Dankbarkeit empfindet
wunderbar.

Mein einziger Wunsch:
Weihnachten zu Hause
mit meiner Familie zu feiern.

Tränen
die Seele
badet in Selbstmitleid
lauwarm und sanft
duftend.

Dankbarkeit
und Wohlgefühl
Abschied und Trauer

lassen meine Tränen fließen
unkontrolliert.

15.12.2016
7.30
Dietmar schläft
ich möchte frühstücken!
Wie wird das noch
werden?

Nur
keine Ungeduld
und keine Kritik.
Dankbarkeit bewahren in jeder
Situation.

So
laut rufen
kann ich nicht,
dass du mich hörst.

Wozu
die Ungeduld
er atmet noch
ich höre ihn gut.

8.00 Dietmar kommt
Dank Johanneskraut ausgeschlafen.

Nicht
Ungeduldig werden
durchatmen ruhig bleiben

mich in Gelassenheit üben
schwer.

9.20 Frisch gewaschen, Gesicht, intim, Zähne,
gekämmt, …

16.12.2016
7.00 wach,
langer, ungestörter, traumlos tiefer Schlaf,
happy, Gefühl mich drehen und wenden zu können.

Wirkung des starken Schmerzmittels. Ich habe es Diens-
tag und Mittwoch gespart, erst gestern genommen, gegen
22.00.

8.40
Anruf aus der Klinik: meine Entscheidung?
Ablehnung der Operation.
Therapieplan für Bestrahlung wird eingeleitet,
wahrscheinlich Montag, Tagesklinik?

Um mein Bett Onkologen, Neurologen, Orthopäden, Neu-
rochirurgen, Schmerztherapeuten – ein wahrer Totentanz.

Auch zu Hause jede Menge Probleme, das neue Auto, die
Rückstauklappe

Endlich
wieder gutes
Essen mit Bier
und Wein am Abend
Normalität.

Der
arme Dietmar
so viel zu
tun ohne Entspannung und
Pause.

Meine
Stimme anders
leise brüchig kurzatmig
wie ein fernes
Echo.

Dietmar
macht alles
bereitwillig und sofort,
ich muss jeden Handgriff
erinnern.

Option für stationären Aufenthalt, ab 23.12. mit Unterbrechung für Weihnachten.
Oft wach, aber gleich wieder eingeschlafen.
Noch
so viel
zu erklären, zu
verstehen, zu verzeihen, bleibt die
Zeit?

Alles
zu lange
aufgeschoben, Ventilator, Trockner,
Küche, Garten, Bücher abstauben …

Armer Dietmar,
muss meine jahrelangen Versäumnisse
in wenigen Tagen aufarbeiten.
Ablenkung ist gut, aber zu viel belastet …
armer Dietmar.

Welche
Wirkung haben
meine verschiedenen Medikamente
Krebs stoppen, Schmerz lindern,
Euphorie …?

Verdauung
kein Thema
wenn es klappt
große Anstrengung, wenn es
versagt.

Vor
dem Fenster
das schöne weiße leuchtend reine
Remmingsheimer Licht
unvergleichlich.

Mich
zu Tode
pflegen lassen von
lieben fürsorglichen einfühlsamen Menschen –
Wunschtraum.

18.–23. Dezember 2016: In der Klinik

18.12.2016
Wieder in der Klinik
nur nicht ungeduldig werden,
tief durchatmen,
jede Handreichung als Geschenk annehmen.
Hinter meinem Rücken wird beraten …
ausgeliefert.

Nicht wahnsinnig werden,
das Schniefen (im Nachbarbett) ertragen,
gelassen bleiben, ruhig durchatmen, meditieren
mein Gottesgeschenk, eine gute Pflegerin,
kompetent, effektiv, freundlich und entgegenkommend.
Ich bin aufgeregt wegen der Bestrahlung:
was kommt auf mich zu?

Ich arbeite an meiner Auferstehungsgestalt
und bemühe mich um Geduld
Geduld, Geduld …

„Mammakarzinom" klingt interessant
und ist doch nur ein ganz gewöhnlicher Brustkrebs.
Zu viel aufgeschoben – Wäsche …

Mein armer Dietmar,
hetzt hin und her zwischen Keller und Krankenbett
nicht ungeduldig werden,
ich habe Zeit,
ich kann warten auf alles.

19.12.2016
Schmerzbeschreibung:
Noch flach,
wie wenn man einen Teig ausrollt,
aber dann schon auf kleinen spitzen Wellen,
Tropfen wirken schnell.

Ich liege flach,
heller, klopfender Schmerz, wie ein Fingerspiel im Sitzen
Tavor, Tavor

23.10 keine Schmerzen
nachts Musik
Bestrahlung.

Eine frühere Schülerin, jetzt Ärztin, getroffen
sanfte Hände streichen meinen Arm entlang.
Finger klopfen und suchen Venen.

Für meine Enkelin will ich ein Mensch bleiben und kein
Zombie werden.
Hoffnung.
Jedes Geräusch zerrt an meinen Nerven.
Ruhe. Ruhe.
Laute Stimmen stören.
Ich brauche Ruhe,
um Abschied zu nehmen.
Schmerz streichelt meine Schulter
wie unter einer warmen Decke,
der Druck wächst.
Schmerzen wie eine Druckmassage
mit dem Daumen unterhalb des rechten Schultergelenkes,
angenehm.

21.12.2016
Lärm, Schmerzen, Medikamente.
In Nebenbetten: Husten.

Krebs und Demenz
rennen um die Wette wie Hase und Igel.
Hemmungen schwinden,
Schamgefühl geht verloren,
Intimsphäre ist nur ein Wort.

22.12.2016
Bestrahlung
eklig feucht meine Hände,
dünn wie knittriges Seidenpapier
meine Haut, abstoßend
trotzdem das Bedürfnis,
berührt und gestreichelt zu werden.

Geduld, durchatmen, warten …
verknäult im Kabel,
wie Laokoon im Kampf mit der Schlange
überleben.

Alles fließt ineinander zu einem Brei
aus Tagen, Untersuchungen, Ärzten, Diagnosen.
Nicht wundern,
alles hinnehmen ohne Fragen,
das Leben wird leichter so.

Wie soll ich dich meinen Krebs nennen:
Feind, Freund, Eindringling, Parasit, Wegweiser, …?
Dankbar für Kleinigkeiten,
Verdauung, ein paar Schritte vom Bett, Zähne putzen.

Weihnachten – wie wir es erleben

Irenes sehnlichster Wunsch war es, Weihnachten zu Hause zu sein, und das schafften wir. Weihnachten ist nicht nur bei uns ein Familienritual. Die kirchliche Liturgie und Verkündigung an Weihnachten ist uns Eltern vertraut, den jüngeren Familienmitgliedern nicht mehr ganz so stark. Sie gehen zwar am Heiligen Abend mit in die Kirche, denn, so sagt Irene immer, ohne diesen Besuch gibt es keine Geschenke. Es gibt auch Silvester-Rituale, Oster-Rituale und Geburtstags-Rituale. Sie tragen »Religion im Erbe«, aber sie sind nicht religiös, wenn auch die einzelnen Personen religiös bewegt sein können. Die familiäre Reduktion des kirchlichen Weihnachtsfestes bewahrt ihm für alle die Innerlichkeit. Die individuelle Frömmigkeit bleibt. Wir sind liturgisch, rituell, eucharistisch verwurzelt. Draußen tobt die kommerzielle Weihnacht – sie ist wie ein käufliches Abziehbild überall vorhanden. Nein, bei uns wird der Weihnachtsmann nicht akzeptiert, schließlich hat man in der Familie lange den Nikolaustag zelebriert. Obwohl die Kinder schon lange aus dem Haus sind, gibt es auch heute noch kleine Aufmerksamkeiten füreinander. Was äußerlich war, wurde innerlich, was große Gemeinde war, wurde familiäres Ereignis.

Wir stellten uns so manches Mal die Frage, ob Weihnachten mit seinem ganz eigenen Gefühl in der säkularen Welt so etwas ist wie ein »Gefühls-Schmarotzertum«. Diese Frage ist boshaft. Wir mussten oft beobachten, dass Menschen dieses weihnachtliche Gefühl spüren möchten, ohne an seiner Quelle trinken zu wollen. Nun sind Rituale mit dem Wandel der Kultur so manchen Veränderungen unterworfen. Doch Weihnachten hielt sich auch unter dem Nazi-Regime und zur Zeit des Kommunismus mit Tannenbaum, leuchtenden

Kinderaugen, Schneegeglitzer, Schlitten, Rentieren und dem Weihnachtsmann, zu dem der »Santa Claus« einmal wurde. An Weihnachten einsam – das will niemand, und die Telefonseelsorge hat darum viel zu tun. Die Kehrseite des Festes ist Weihnachten als heulendes Elend. Darum: Die Familie ist »Kirche im Kleinen«, abgleitet oft auch bei nichtchristlichen Familien.

Kann man dieses Refugium zwischen Kommerz und Kirchenoper wirklich als »Schmarotzertum« bezeichnen? Irene und ich glaubten das nicht! Der Rückzug in die Innerlichkeit als Verzauberung löst die größere Gemeinschaft der Kirchlichkeit ab. Napoleon hat gesagt, man soll den Gemeinden ihre Kirchen lassen, sie hätten keine Oper. Heute kann man auch aus dem Dorf in die städtische Oper fahren. Wir stammen beide aus Dörfern im katholischen Saarland, wo in den 1950er-Jahren die Kirchenwände vom Gesang der aus vollen Kehlen gesungenen Lieder wackelten. Heute ist es leiser in und um die Kirche geworden.

Lässt sich der Glaube von innen her aufbauen? Eine Frage, die Irene und mich seit Langem bewegt und die wir mit *Ja* beantworten. »Mystik statt Religion« – darüber wird disputiert und geschrieben. Aber es gibt keine Mystik ohne Religion. Die Einsicht in dieses Phänomen wird wachsen, wenn die spirituellen Rezepte und Übungen zersplittern und wieder nach einem Zusammenhalt gesucht wird. Da sind wir sicher, hoffen aber, dass dazu die Angebote nicht alle von rechts kommen.

Weihnachten in unserem theologischen Gespräch

Ich habe die Menschwerdung als Gottesgeburt nach Meister Eckhart oft beschrieben und mit Irene besprochen, nicht nur, wenn sie meine Texte Korrektur las.

Was entsteht beim Vorgang des Gebärens und Geborenwerdens? Wir denken dabei nur an das Kind. Aber der Vater wird erst Vater, wenn er einen Sohn oder eine Tochter hat, die Mutter wird dann erst Mutter. Meister Eckhart hat diese Erkenntnis eines sich nach zwei Seiten auswirkenden Geschehens auf das von Gott ausgesprochene Wort ausgedehnt: »Gott wird, wo alle Kreaturen Gott aussprechen.«[12] Das Wort »Gott« entsteht dadurch, dass wir Menschen es aussprechen können. Im Sprechen gibt es den Sprecher, in dem das Wort, das von ihm ausgeht, zugleich bleibt, und es gibt den Angesprochenen, der das Wort empfängt und dadurch fähig wird, es zurückzusprechen. Ansprache macht sprachfähig.

Das Johannesevangelium beginnt mit dem Satz: »Im Anfang war das Wort«. Eckhart setzt dies mit dem Anfang der Schöpfung gleich. »Im« Anfang, sagt er, ist nicht das Gleiche wie »am« Anfang. Es meint: »im Ursprung«. »Im Ursprung« ist aber immer. Das »Wort« war nicht einmal, es wird ständig gesprochen, am deutlichsten wird die Intention des Wortes in der Geburt des Gottessohnes. Gott wird Mensch, also offenbart er sich in nächster Nähe zum Menschen. Wenn Gott Mensch ist, dann tragen die Menschen, dann trägt jeder einzelne Mensch, Gott in sich. Diesen Gedanken drückt ein alter Weihnachtsgruß in der Bischofsstadt Rottenburg am Neckar sehr schön aus: »Das Christkind ins Herz«. Oder mit Eckhart gesprochen: »Gott wirkt (in mir), und ich werde.« Denn der Sinn der Menschwerdung Gottes ist das Werden des Menschen aus Gott und zu Gott. Dieses Ursprungsgeschehen steht »vertikal, quer zur Zeit«. »Ursprung« ist ein Beginn ohne zeitlichen Anfang. Meister Eckhart beschreibt dies folgendermaßen: »... der Prozess oder das Hervorbringen und das Ausfließen, von dem wir hier reden, findet eigentlich, zuerst und vor allem im Entstehen statt. Dies geschieht nicht mit Bewegung noch geschieht es in der Zeit, sondern es ist

Ziel und Ende der Bewegung ... Deswegen geht es folgerichtig nicht in Nichtsein über, noch sinkt es in Vergangenheit. Ist das aber so, dann ist es immer im Anfang - so ist es doch auch bei uns: nimm die Zeit weg, und der Abend wird zum Morgen - und, wenn es immer wie ›im Anfang‹ ist, dann ist die Geburt immer, dann ist das Entstehen immer. Denn entweder niemals oder immer, weil der Anfang oder ›im Anfang‹ immer ist. Daher kommt es, dass der Sohn in der Gottheit, das Wort ›im Anfang‹ immer geboren wird, immer geboren ist.«[13]

Eckharts Weihnachtsmotiv also ist die Gottesgeburt im Menschen: Menschsein ist mit der Menschwerdung nicht nur durch das »er hat unter uns gewohnt« verbunden. Der Mensch muss sich auch dem Göttlichen anverwandelt sehen, weil Gott, der das Menschsein riskiert, zugleich das Gottsein des Menschen riskiert, wenn auch im Sinne gnadenhafter Erhebung an der Seite des Sohnes. Unser Leben kann folglich nur darin bestehen, den Schleier von der verborgenen Wirklichkeit zu nehmen und so zu sein, wie wir schon sind: mitseiend mit dem Sohn im Schoß des Vaters, uns selbst begreifend aus der Herkunft des Wortes, das die Schöpfung und die Erlösung im ewigen Zugleich aussprach.

In sich selbst wären Geschöpfe nichts. Der Prozess, den Gott als »Wirklichkeit«, also als permanentes Wirken führt, kann beantwortet werden. Derjenige, der weiß, wie die Wirklichkeit ist, in der er geführt wird, empfängt nicht nur, sondern gibt auch zurück.

»Gott wirkt, und ich werde.« - Der Sinn der Menschwerdung Gottes ist das Werden des Menschen aus Gott und zu Gott. »Werden« ist hier ausdrücklich nicht als räumliche Fortbewegung oder zeitliches Werden und Vergehen gemeint, sondern als ein Geschehen im Jetzt, das quer zur Zeit steht; sozusagen in einer anderen Dimension des Wirkens.

Eines Wirkens, das immer, ohne Unterlass geschieht. Sonst würde alles in den Strudel des Nichts fallen, wenn dieses Wirken nicht ständig geschähe: als Hervorgang der Schöpfung, aber auch als Menschwerdung.

Weihnachten 2016 war für uns alle ein ganz besonderes Weihnachten: Großmutter, Mutter und Kind - eine Achse für die Familie, in der jede und jeder seine festliche Aufgabe wahrnimmt. Der Wintergarten ist geschmückt. Die Tanne strahlt im Licht der Kerzen und die Kugeln schimmern zart. Ästhetische Dispute sind zu Ende. Die Krippenfiguren wurden von Irene selbst gebastelt, geschneidert, geformt. Man kann die Figuren bewegen und in verschiedenen Haltungen feststellen. Das macht unsere Enkelin. Der Holzstall ist schon hergerichtet, die Hirten nähern sich. Noch sind die Könige auf der Wanderung, sie kommen erst später zu ihrem Glanz.

Ich erinnere mich an das Weihnachten, an dem ich bei Irene das erste graue Haar entdeckte. Sie hatte lange Zeit kein einziges graues Haar, aber irgendwann tauchte es auf, der erste Silberfaden - ausgerechnet an Weihnachten. Ich hatte ihr damals ein kleines Gedicht geschrieben und fügte meine Wahrnehmung in die Erinnerung an *unser* Weihnachten ein:

Silberfäden
Wir hatten daheim einen Christbaum
im zarten Silberschmuck.
Glitzernd die Kerzenhalter, Kugeln, Sterne
im kühlen Grün der Fichte
vornehm auf Distanz,
leise in ihrem Glanz.

Lieblich war das Silberhaar,
das die Spitzen der dunklen Zweige
säumte, und kam ein Wind auf,
leise hin und her schwang,
ein flügelleichtes Zittern
begleitet von leisem Gesang.

So wie Dein Haar in dunklem Braun.
Die Jahre blieb es wechselnd gleich,
gelockt und fallend,
umschrieb es Dein Gesicht,
vertraut dem Auge,
das Dich täglich sieht.

An einem späten Tag im milden Licht
sah ich, wie Dein Haar
von sich aus einen Silberfaden spann,
der sich nur zögerlich verwebte,
von dem die leise Kunde kam
von zartem Wandel,
ein flügelleichtes Zittern,
begleitet von leisem Gesang.

Dietmar für Irene, Weihnachten 2013

Weihnachten 2016. Was war anders als in den Jahren zuvor?
Die Regie und das Zentrum waren gleich. Die Hoffnung groß.
Glückliche Weihnachten! Wir lagen uns in den Armen. Und
doch war es gerade die unterschwellige, bedrohliche Veränderung, die sich in unser Familienfest eingeschlichen hatte,
die unsere Umarmungen zugleich bewegte und verstärkte.

24.-26. Dezember 2016: Zu Hause

Ich besorgte ein neues Heft für Irene, ein Schülerheft mit Spirale und mit Totenkopf. Wir lachten darüber, dass es ausgerechnet ein solches Heft war. Man konnte es auch mit Seeräuber-Romantik in Zusammenhang bringen, bei uns freilich eher mit Robert Louis Stevensons »Schatzinsel« als mit »Fluch der Karibik«. Irenes erste Notizen in diesem Heft beginnen am Heiligen Abend.

24.12.2016
Wird dieses Heft reichen
bis zum Ende
für meine Gedanken und Gefühle?

Nur
gute Gefühle
durchströmen mein Hirn
überwältigende Dankbarkeit.
Liebe, Vertrauen,
Überlassenheit.

Sterben
ist leicht
umgeben von lieben
Menschen und wirksamen
Medikamenten.

Weihnachtstage 2016
Das Kind
spielt Weihnachtsengel
eilt geschäftig hin
und her arrangiert die
Geschenke.

D.
legt mir Leonard Cohen auf.
You want it darker
Kill the light.

Ganz
still ist
es im Haus
mein Bedürfnis nach Ruhe
erfüllt.

Indi*
bei mir
am Fußende im
Bett das liebe Tier
beruhigend.

Lüften
Kissen aufschütteln
Kleider aufräumen und
Tisch abwischen
alles kleine
Aufmerksamkeiten.

* Eigentlich »Indipendent«. So heißt unser Hund.

Nichts
ist mehr
wichtig in meinem Zustand –
alles geschehen lassen
überlassen.

Einmal
wirst du
sagen:
es sei
dir doch alles zu viel.
erbarmungslos.

C.
die Managerin
agil und erfolgreich
charmant und hart im
verhandeln.

D.
sanft und zurückhaltend
und doch erfolgreich im
Games designen.

Es
fehlt ihnen
an Sensibilität für
D.s Gedanken und Gefühle
traurig.

D.
mit einbeziehen
nichts ohne ihn
über seinen Kopf hinweg
entscheiden.

Alphatiere
unter sich
planen und machen
lassen Betatiere hinter
sich.

Das Kind
graust sich
nicht vor mir
das tut mir
gut.

Indi
kuschelt sich
im Bett an
meine Beine.
Leckt mir die
Hände.

Meine
Gedanken fahren
Achterbahn
aus höchster Euphorie
und tiefster
Verzweiflung.

Hab
keine Angst
ich bin da.
Ich bleibe bei
dir.

Ob
dies das
letzte Weihnachtsfest war
zu Hause mit meiner
Familie?

Tabletten
Schnabeltasse, Notizbuch
in Griffnähe jedes Mal –
darum bitten müssen.

Ständig
leichte Übelkeit.
Woher kommt die?
Ich habe alles so satt.

Ich
stehe fest
in einem Tief
komme nicht allein heraus
Hilfe!

26.12.2016
Euphorisch
der Morgen
Trosthund Indi
neben mich
ins Bett geschmiegt
heimelig.

Eine
Hand krampft
sich um mein
Brustbein,
drückt es zusammen
schmerzhaft.

Die
ganze Nacht
schöne Cello-Musik
D. sei dafür
gedankt.

Indi
leckt sanft
meine Hand ab
mit ihrer zarten warmen
Zunge.

Gespräche über das Leiden

Leiden individuell erfahren

Irene und ich hatten schon oft über das Ertragen von Leiden gesprochen, vor allem, als ich im Jahr 2008 das Buch *Grenzen der Selbstbestimmung* schrieb, das Irene zwar las, aber trotz einiger Einwände nicht korrigierte. An diese Gespräche erinnerte ich mich besonders in diesen Tagen.

Umständlich, aber präzise, beschreibt der amerikanische Medizinethiker Eric Cassel das Leiden in der Krankheit: »Leiden ist ein spezifischer Zustand einer ernsthaften Beschwernis, die durch einen Verlust an Ganzheit, Intaktheit, innerem Zusammenhalt oder Integrität der Person veranlasst wird, oder durch eine Herausforderung, die eine Person glauben lässt, dass sich ihre Integrität auflöst. Leiden setzt sich fort, bis die gesuchte Integrität wiederhergestellt ist, oder die Bedrohung verschwindet. Leiden ist immer individuell, weil es in Bezug auf jeden Aspekt einer Person entstehen kann. Und Personen sind notwendigerweise einzigartig und besonders.«[14]

Die Sehnsucht nach einem Leben ohne Leiden gehört zu den intensivsten Formen menschlichen Begehrens nach dem guten, nach dem glücklichen Leben. Jeder weiß, dass nicht alles Leiden beseitigt werden kann. Dass Leiden möglich ist, ist vielmehr die Voraussetzung dieses Strebens nach Glück. Leiden zurückzudrängen oder zu bestehen gehört zur Übernahme der Verantwortung für die Natur, für die eigene Lebenswelt und für die Gesellschaft, in der man lebt, dazu. Die Zeit der Aufklärung, der Wissenschaft, der Technik und der Wirtschaft, die das moderne Leben bestimmt, ist zugleich eine Zeit der Aufklärung über »unnötiges« Leiden, über die Beseitigung oder Verringerung des Leidens, soweit sie dem Menschen für sich und für andere möglich ist.

Es lässt sich beobachten, dass Angebote für ein Leben ohne (aufhebbares) Leiden zu einem Bündnis zwischen hoher Fortschrittsmoral und Geschäftsinteressen führen können. Die täglichen Nachrichten über faktisch vorhandenes, aber im Prinzip doch aufhebbares Leiden gehören zu unserer alltäglichen Wahrnehmung: das Leiden unter Naturkatastrophen, unter Krankheiten, die man bekämpfen kann, unter Unfällen, deren Ursachen behebbar sind, und vieles andere mehr. Zwischen der großen Leidensfläche der armen Zweidrittelwelt des globalen Südens und dem in Alter und Krankheit empfundenen Leiden des globalen Nordens muss man unterscheiden. Oft geht es, unter dem Gesetz der Bezahlbarkeit des Angebotes, darum, das Leiden als Einschränkung des eigenen Lebensgenusses zu vermeiden und das Leiden in der breiten Fläche seiner Ausbreitung hinzunehmen. Immer wieder neu ist zu fragen, um *welches* Leiden und um *wessen* Leiden es sich eigentlich handelt.

Die jahrtausendealte Antwort, die die Religionen auf das Leiden gegeben haben, indem sie es akzeptierten, verwandelten und zu Höherem hinaufhoben, statt es - im Sinne einer Verringerung - aufzuheben, wird auch heute nicht gegenstandslos, denn die Verringerung des Leidens an einzelnen Stellen hebt sein Anwachsen an anderen Orten nicht auf. Jedoch: Wer mit aufhebbarem physischem, psychischem oder auch sozialem Leiden zu tun hat, kann nicht auf den Kampf gegen das Leiden verzichten, weil bestimmte Formen von Leiden nun einmal unaufhebbar sind.

Leiden zu suchen, Leiden sich selbst zufügen oder zufügen zu lassen, erscheint uns heute nicht akzeptabel. Es kann kein Gegenstand eines allgemeinen Strebens sein und wird selbst im religiösen Bereich heute als Verirrung betrachtet.

So weit waren Irene und ich uns einig. Die Frage, die wir hingegen kontrovers betrachteten, lautete: Was aber gilt, wenn die Beendigung des Leidens nur durch den Tod erreicht werden kann?

Leidvolles Leben beenden?

Extremen Situationen wie der Selbsttötung, dem Schwangerschaftskonflikt und die Tötung auf Verlangen ist in der »moralischen« Denkform gemeinsam, dass sie in erster Linie Formen der Selbstbewertung und damit der Bewertung eigenen Leidens sind. Zwar geht es auch um das Leiden des anderen, aber doch immer bezogen auf die eigene Person, auf ihre Hilflosigkeit, damit lebensförderlich umgehen zu können. Das ist nicht eigentlich eine Frage des Mitleids, sondern eine Frage nach den eigenen Leidensbedingungen beim Ertragen von anvertrautem Leben, auch wenn dieses Leben nicht als Leben im Leid erfasst wird.

Ich bin der Meinung - und diese teile ich aus philosophischen Gründen und/oder aus religiöser Überzeugung mit vielen Ethikern -, dass der Zweck, die Aufhebung eigenen Leidens, nicht das Mittel heiligt, nämlich einen anderen Menschen zum Opfer oder zum Täter einer Tötungshandlung zu machen, die sich gegen das eigene Leiden richtet. Kann ein Zweck, den man bejaht, ein Mittel rechtfertigen, das man als Ziel nicht bejahen würde? An dieser Alternative scheiden sich die Geister in der öffentlichen moralischen Debatte. Dort scheidet sich auch der Geist des Christentums von anderen Quellen der Moral.

Irene hingegen betonte, dass der Geist des Christentums sich auch stets an der Grenze der moralischen Zurechenbarkeit bewegt. Sie hält moralische Beurteilungen nicht für die letzte Bewertung, der sich ein Mensch stellen muss. Etwas für falsch zu halten oder jemanden schuldig zu sprechen, ist nicht das Gleiche. Wer sich auf Jesus Christus beruft, sollte diesen Unterschied anerkennen. Er ist auch mitmenschlich gut einsehbar, denn nicht immer ist das Gute das Richtige.

Ich wandte bereits hier, wie auch später im Krankenhaus ein: Beim selbstbestimmten Sterben geht es nicht nur um den einzelnen Menschen oder um autonome, d. h. sich selbst verpflichtete Entscheidungen. Für mich stand immer zugleich die gesellschaftliche Auseinandersetzung im Vordergrund. Irenes Antwort darauf ist: Jesus hat am Ölberg nicht als allgemeiner Mensch, sondern als Individuum entschieden. Er musste seine eigene Entschiedenheit im Sinn seiner Bergpredigt erst erkämpfen. Er verweigert sich dem Weiterleben durch Flucht. Er ringt mit Gott um die Gewährung dieses Weges.

Irene hat sich vor allem kritisch mit der Zurückweisung des Opfergedankens in der neueren theologischen Literatur, vor allem beim schweizerischen Jesuiten Raymund Schwager (1935-2004) beschäftigt. Daraus resultierte die Frage: Ist es nicht besser, klüger und auch angemessener, dem als unerträglich angesehenen Leiden mit einer Haltung von unüberwindbarer Passivität zu begegnen?

»Aber welche Art der Passivität?«, ist hier Irenes Einwand. Es gibt die Passivität, sich dem Leiden im Sinne des eingeschränkten Weiterlebens zu unterwerfen, und es gibt die Passivität, das Leben mit allen Leiden und Einschränkungen zu erdulden. Aber hat dieses Erdulden nicht auch eine Grenze? Haben diejenigen recht, die im Leiden und Sterben (aber auch im Lieben!) keine Kompromisse schließen und deren moralische Güte gerade darin besteht, dass sie auch in Extremsituationen und unter Stress bedingungslos ihre Maximen aufrechterhalten?

Irene und ich sind beide der Überzeugung: Die Grammatik unsrer Moral reicht nicht, um den Gebrauch ihrer »Sprache«

bis ins Letzte hinein zu bestimmen. So lässt sich unsere Sehnsucht nach moralischer Klarheit nicht erfüllen, ohne dass wir mit moralischen Impulsen wie dem Mitleid und der Liebe in Widerstreit geraten. Das ändert aber nichts daran, dass wir diese Impulse reinigen müssen. Wir müssen sie reinigen vom Selbstmitleid, von einer tödlichen Mitleidsfalle und andererseits von einer Liebe, die dem anderen nicht die Freiheit zur eigenen Entscheidung lässt.

Leiden gläubig verstehen

Was kann die Theologie zum Verständnis des Leides als Ganzem beitragen, das immer mehr aus der Gesellschaft verdrängt wird? Und wie lässt sich diese Sehnsucht ethisch differenzieren? Mit unseren Freunden haben wir uns oft darüber unterhalten.[15]

Leiden im Ganzen zu verstehen, ist noch niemandem gelungen. Die Theologen, die das Leiden des Menschen und der Kreatur etwa als »*Preis der Freiheit*« zu erklären versuchen, die Gott dem mit der Sachwaltung der Schöpfung betrauten Menschen schenkt, können nicht erklären, wie das Leiden außerhalb dieser Freiheit zu verstehen ist und warum Gott, der Gute, überhaupt diesen Weg geht. Die anderen Theologen, die im Leid den »*Preis der göttlichen Liebe*« sehen, weil es die Empfindung der Liebe nicht ohne ihr Pendant, das Leiden, gibt, müssen Gott am Kreuz diesen Preis mitzahlen lassen.

Meines Erachtens lässt sich die Theologie nicht in solche Spekulationen auflösen, auch nicht in den »spekulativen Karfreitag« eines Georg Wilhelm Friedrich Hegel. Der Glaube ist nämlich eher lebenspraktisch als spekulativ orientiert. Der Gott der Philosophen ist, wie Blaise Pascal sagt, nicht der Gott der Offenbarung. Aber dieser Gott der Offenbarung ist ja heute ohnehin ohne philosophische Konkurrenz, nachdem Friedrich Nietzsche den philosophischen Gott sterben ließ, aber damit nicht die religiöse Sehnsucht nach dem unbekannten Gott aufheben konnte und wollte.

Die Antwort, die der Gott der Offenbarung dem Hiob auf seinen Protest hin gibt, ist merkwürdig: Die Menschen können Leiden nicht erklären und verstehen, weil sie sonst ihr geschöpfliches Dasein übersteigen müssten. (Vgl. Hiob 28-41) Also liegt Leiden an der Scheide zwischen Geschöpflichkeit und Schöpfertum. So kann von daher auch der menschliche Traum entstehen, selbst Schöpfer zu werden und aus der autopoietischen Kraft unseres Wissens, unseres Machens und unseres Wirtschaftens die *conditio humana*, das Leiden, zu überwinden. Sind diejenigen nicht hinter Aufklärung und Fortschritt zurückgetreten, die uns Leid und Tod garantieren wollen und - welch obszöner Gedanke - auch noch diese Garantie der menschlichen Schwäche zum Gottesbeweis machen wollen?

Nun kann man an dieser Stelle leicht in eine Falle geraten, die Irene und ich immer vermeiden wollten: in die Falle der religiösen Leidverklärung christlicher Prägung unter dem Kreuz Jesu. Demnach wäre Leiden nicht nur zu bestehen, sondern sogar zu erflehen. Es gehe nicht nur darum, mit Jesus und mit den leidenden Menschen das unvermeidliche Leiden mit zu tragen, sondern sich solche Leiden selbst zusätzlich zuzufügen. Das Beispiel der spätmittelalterlichen Nonne Elsbeth von Oye (um 1280) soll an dieser Stelle genügen: Für religiöse Frauen ihrer Zeit war ja sexuelle Verschlossenheit geboten, was wiederum die Selbsterfahrung einer damaligen Frauenkonstitution bestimmte. Elsbeth von Oye nun fügte sich selbst Schmerzen zu, um sich gleichsam mit dem Messer zu öffnen. Hier liegt alles verquer.

»Das schnellste Tier, das uns zur Vollkommenheit trägt, ist das Leiden ... Nichts ist galliger als das Leiden und nichts ist so sehr wie süßer Honig zu genießen wie das Gelitten haben.«[16] Dieses Wort Meister Eckharts, der seinerseits Menschen an der Selbstzufügung von Schmerzen gehindert hat, ist nicht als Selbstopfer vor Gott, nicht als Aufopferung für andere unter Missachtung der Selbstliebe zu verstehen, sondern als Aufhebung von Erleben in Erfahrung und von Erfahrung in geläuterte Selbstfindung. Oder wie Eckhart sinngemäß sagen würde: das Erlebnis kann nicht aufgehoben, aber *hinaufgehoben* werden. Hebe dein Kreuz auf, heißt nach Eckhart nicht: Lade es auf deine Schultern, sondern: Verwandle es und nehme es anderen von ihren Schultern.[17]

Das Leiden kann man daher nur am konkreten Leiden von Menschen bekämpfen, nicht durch allgemeine Sprüche gegen das Übel in der Welt. Das »Erlöse uns von dem Übel/dem Bösen« aus dem Vaterunser enthält immerhin das »uns« als Punkt der Referenz auf die konkreten Menschen. Überwindung des Leidens als Inbegriff unserer gefährdeten, fehlerfähigen und endlichen Existenz können Menschen nicht zusagen, jeder Mensch kann nur Menschen als einzelnen helfen oder an Institutionen mitwirken, die versuchen, Leid zu mildern oder zu mindern.

»Es gibt kein fremdes Leid«, sagte die evangelische Theologin Dorothee Sölle[18] - und begreift sich im Mitsein mit dem Anderen. Dessen Nicht-Fremdheit wird dadurch erreicht, dass er als der Andere, ohne den ich nicht bin und der mich betrifft, zum unabweisbaren Gefühl in mir wird, dem ich moralisch nicht ausweichen kann. Zum produktiven Umgang mit dem Leiden gehört auch das Leben als Lebendig-Bleiben im Leiden.[19]

27.12.2016
Fahrt in die Klinik.
Freundliche Pflegerinnen
mit Namen wie eine schöne Tonleiter,
die ich mir merke.
Bestrahlung.

21.30 Nehme Tabletten und versuche zu schlafen.
War ein anstrengender Tag,
morgen mehr.

Dietmar
geht in
die Knie und
zieht mir die Hose hoch.

28.12.2016
11.55
Licht nebenan.
Chemo?
Wach, ohne festen Vorsatz.

29.12.2016
4.20
Nur Personal wach und munter,
ich müde und zerschlagen,
Tilidin!
Wir, die Pflegerin und ich, werden uns
beim Vornamen nennen.

5.20 Taschenlampenkontrollle
Im Nachbarbett
Infusionsprobe.

6.40
Alles gut, keine Schmerzen,
ich fühl mich wohl
Zähne geputzt.

8.30 Frühstück
8.50 Visite
gute Gefühle
Dankbarkeit, Freude,
Liebe, Fürsorge, Vertrauen,
Vergebung erfahren,
seine Hand auf meiner fühlen,
meine Hand in seiner fühlen.

Schöne Erinnerungen,
Liebe erfahren, von der
ich nicht wusste, wie
groß sie war, meine wundervollen Kinder,
Dietmar, mein Herzallerliebster, Zuwendung,
Zeit, Verständnis für meine Entscheidung,
mittragen —
„Alles ist gut!"

Kaum
jemand stellt
den Tisch zurück
in die alte bequeme
Bedienposition.

Liebster Freund,
sei D. ein
guter zärtlicher Partner und
verständnisvoller Gefährte.

Krankenhausnächte
sind lang
still und einsam
viel Raum für quälende
Gedanken.

Es
geht mir
schlecht den ganzen
Morgen und die halbe
Nacht.

Ich
habe alles
so unendlich satt
Bestrahlung, Tabletten, liegen, drehen
Überdruss.

Seit
der letzten
Bestrahlung habe ich Schmerzen
an der linken
Hüfte.

Psychopharmaka
bringen mich
wieder ins Gleichgewicht

Achterbahn fahren ist schrecklich
deprimierend.

31.12.2016 – Silvester
3.25
Ich liege und warte,
dass die Medikamente
ihre Wirkung tun.

7.30 Bad

Seit 2.30 wach
Musik in NDR 5
Zähneputzen
Gesicht waschen
Sturz im Bad beim Versuch,
von der Toilette zu kommen.

3 Helfer bringen mich wieder ins Bett
ich liege und ruhe
große Vorbereitung auf Verdauung: 2 Zäpfchen.

12.15 Mittagessen
Trotz vieler Bemühung keine Verdauung.

Silvesternacht 2016
22.30 Musik auf NDR
Schlaftabletten für die Nacht unwirksam.

23.00 noch wach
Knaller hört man

Raketen sieht man nicht
abwarten.

00.00
Viel Knallen
Glocken läuten zurückhaltend
auch Raketen sieht man
bisweilen.

Feuerwerk
am Himmel
aufblitzende Sterne in
vielen Farben und Formen
faszinierend.

Musik
gegen Böller
nicht zu gewinnen
für die Musik auch nicht mit
Lautsprecher.

00.25
Noch wach.
Wie lange noch?
Ich warte sehnlichst auf Verdauung.

00.40
Ruhe
kein Schlaf
wird wohl eine
lange Nacht mit vielen
Gedanken.

1.15
Ich drehe mich auf die
linke Seite
ob der Schlaf kommt?

2.45
Parade
im Radio
viel Tschindarasssa Bum Bum
Bum

2.50
Pflegemaus
trippelt
durch meine Räume
bemerke sie
nur am Rande.

3.45
Radio schaltet
immer wieder ab.
Ich schalte es wieder an.

4.40
Aufstehen
Zähne putzen, Gesicht waschen,
brauche Hilfe, um vom Bad
zurückzukommen.

6.30
Festmusik
im Radio wie Bienenschwärme
stürzen sich die Töne auf
mich.

7.00
Nachrichten
Waffenruhe in Syrien
Freitag in Kraft getreten.

01.01.2017 – Neujahr
Orgelbrausen
in meinen
Ohren festlicher Klang
wie wird das neue
Jahr?

Neujahr
Bauchschmerzen, CT
perforierter Darm, Operation
dringend angeraten sonst
Blutvergiftung –
Todesurteil!

Selbstbestimmung
zwischen Achtung und Kränkung

Irenes Entschiedenheit

»Dietmar, du wirst es verkraften«, sagt Irene zu mir, als fest-steht, dass sie sterben will und sterben wird. Solche endgül-tigen Entscheidungen lassen leiden: Die Entscheidende und Entschiedene wird weiter unter körperlichen Schmerzen und bettlägerigen Einschränkungen leiden. Ihr Mann wird leiden unter der Angst vor dem Entzug und dem Alleinsein.

Zur individuellen Entscheidung gehören nach allgemeiner Erfahrung zugleich Entschiedenheit und Revidierbarkeit - und die Fähigkeit, zwischen beidem zu unterscheiden. Irene hatte entschieden: Sie verweigert die Notoperation. Die Chirurgen stehen schon bereit. Irene versucht die ernste Situation mit Humor zu durchbrechen: »Sie haben wohl ein Zeit-fenster und ein Bett frei?«, fragt sie schmunzelnd. Die Ärzte lachen und bestreiten dies. Ich selbst stehe unter enormem Druck, Irene zu dieser Operation umzustimmen. »Wenn sie meine Frau wäre, würde ich sie mit aller Macht auf den Ope-rationstisch jagen!«, höre ich jemanden sagen. Das trifft mich ins Herz. Für mich ist es eine der härtesten Situationen mei-nes Lebens: Ich muss die Selbstbestimmung meiner Frau in-tensiv verteidigen, obwohl ich für mich selbst in diesem Fall die Operation gewählt hätte. Aber Irenes Selbstbestimmung beruhte auf einem langen, vorher geführten Reflexionspro-zess. Zudem war ihre Verweigerung in diesem entscheiden-den Moment zwar spontan geäußert, jedoch klar formuliert und für mich nicht mehr hinterfragbar. Das wusste ich. Irene war auch viel zu erschöpft, um mit mir zu debattieren. Um dieses Thema hatten wir schon lange vorher und immer wie-der neu gerungen.

Seit den 1970er-Jahren haben wir uns mit der Euthanasie-Debatte beschäftigt. Ich war damals Mitglied einer Kommission der Evangelischen Kirche Schweiz. Ich verfolgte die niederländisch-belgischen Entwicklungen in der Begründung, Etablierung und Handhabung der Euthanasiegesetze. Ebenso kannte ich die Papiere des Europarates, und ich hatte selbst an der deutschen Debatte um die ärztliche Suizidbeihilfe teilgenommen. Schließlich wandte ich mich gegen eine »grenzenlose Selbstbestimmung« angesichts des Sterbens.[20] Ich habe mich gegen ärztliche Suizidassistenz ausgesprochen. Stets ging es mir darum, andere nicht als Mittel zum Zweck einzusetzen. Der Arzt, der zum Handelnden wird, beendet Leben. In der Beihilfe möchte er zwar nur Mittel sein, der den Patienten als Handelnden respektiert und ihm beisteht, aber damit nimmt er sich selbst als Arzt in seinen Berufsintentionen zurück. Anders ist dies bei Menschen, die füreinander einstehen. Doch ihre Bereitschaft, dem anderen zu helfen, lässt sich nicht gesetzlich fassen. Unter Umständen muss man bereit sein, auch ohne gesetzliche Sicherung zu handeln und sich den Folgen zu stellen.

Jedoch ist dies nicht die Frage, wenn es um die persönliche Verweigerung von Maßnahmen geht, die ohnehin nichts garantieren, sondern nur etwas wahrscheinlich machen können. Auch hier folge ich selbst der Einstellung, alle Möglichkeiten des Überlebens auch unter Einschränkungen zu akzeptieren. Überlassenheit als Maxime gilt für mich nicht nur gegenüber Gott, sondern auch gegenüber der Gabe des Lebens.

All das fand im ständigen Gespräch mit Irene statt, die zwar viele meiner Argumente einschlägig fand, aber stets betonte, ich übersähe etwas. Als wir über unsere wachsenden gesundheitlichen Belastungen im Alter sprachen, war die Unterschiedlichkeit der Einstellung auf den persönlichen

Tod und die Bereitschaft zur etwaigen Verweigerung von lebensrettenden Eingriffen stets ein kontroverses Thema zwischen uns.

Daher war ich auf Irenes Lebensplanung und auf ihre Vorentschiedenheit eingestellt, als es nun ernst damit wurde. Doch zugleich entstand damit für mich die paradoxe Situation, dass ich an der Seite ihrer Selbstbestimmung stehen sollte, ohne dass ich ihre Vorentschiedenheit geteilt hätte.

Mit Meister Eckhart wusste ich: Im Bereich existenzieller Entschiedenheit handelt die Akteurin ohne »Warum«. Das Worumwillen - das Weiterleben für andere, für Aufgaben, gegen die Einschränkungen - verliert seine Zugkraft. Das »Woraus« der Entscheidung wird dagegen kräftiger.

Irenes existenzielle Entschiedenheit ist religiös und ganz auf der Basis ihres Glaubens entstanden. Sie glaubt nicht, dass Gott von ihr die Hinnahme der Gegebenheiten erwartet. Oder dass sie die eigene Bewertung ihrer Situation allein den medizinischen Fachleuten überlassen sollte. Warum sollte Gott ihr Weiterleben unter Schmerzen und Behinderungen als ein abhängiger Pflegefall wollen? Sie fand das archaisch. Diese Vorstellung war für sie an den alten Opfergedanken gebunden, in dem Nachfolge Jesu bedeutet, sich für andere aufzuopfern, statt den eigenen Weg aus der Spirale der Gewalt zu finden. Warum sucht dann Jesus selbst nicht den Weg zum Überleben? Irene war sich sicher, dass Gott nicht das reine Überleben wollen kann. Wir beide sehen es so: Jesus nimmt den Tod als Zeichen der Gewaltlosigkeit des Reiches Gottes in Kauf. Er sah keinen anderen Weg, der Gewaltanwendung zu entkommen.

Selbsterhaltung oder Selbstbestimmung?

Hinsichtlich der Selbstbestimmung kann man unterscheiden zwischen einer freien Selbstbestimmung, die zugleich eine moralische Selbstverpflichtung darstellt, und einer sozial *zugewiesenen* Selbstbestimmung, bei der es auch um Kostenersparnis und um Legitimationsersparnis zu gehen scheint. In Israel bspw. gibt es die Selbst-Programmierung der Herz-Lungen-Maschine, die es dem Arzt erspart, eine Entscheidung fällen zu müssen, oder auch – für strenggläubige Juden – am Sabbat handeln zu müssen.

Der Philosoph Immanuel Kant betrachtet »Selbsterhaltung« als eine moralische Pflicht. Der Soziologe Michel Foucault analysierte die »Selbstbestimmung« als einen individuellen Vollzug gesellschaftlicher Verschiebung der solidarischen Lasten auf den Einzelnen. Aber warum, so Irene, sollte man die eigene Entscheidung als eine symbolische und solidarische Handlung betrachten, mit der man Sozialkritik übt? Ist man im Umgang mit dem eigenen Leben und Sterben zur Sozialkritik verpflichtet? Es mag sein, dass vom Staat nicht nur eine tolerierte, sondern zugewiesene »Selbstbestimmung« eine Verbilligung der Betreuung bedeutet. Das kann man kritisieren. Es mag auch sein, dass sie Menschen ermöglicht, sich selbst als Last zu verstehen. Über all das muss weiter nachgedacht werden.

Aber: Das eigene Sterben kann nicht als ein sozialkritisches Bekenntnis zelebriert werden. Wer vor dem Sterben oder im Sterben ist, kommt um die Sorge um sich selbst nicht herum. Es ist etwas anderes, über Sozialgesetze nachzudenken, als in einer unauswechselbar persönlichen Situation zu entscheiden. Der Einzelne kann etwas tun, was er nicht als Modellfall für allgemeine Gesetze verantworten will. Doch kann es die ethisch legitime Abweichung vom Guten und Richtigen *in genere* geben?

Die Dachdecker-Geschichte bei dem Schriftsteller Otto Ludwig (19 Jh.) gilt als literarische Darstellung dieses Dilemmas: Vater und Sohn tragen eine Wetterfahne auf das Kirchendach, um sie dort zu befestigen. Dem Sohn wird schwindlig und er hält sich am Bein des Vaters fest. Dieser kann die schwere Fahne nicht lösen und hinabwerfen, und er gerät in die Gefahr, selbst mitzustürzen. Die Familie verlöre beide Ernährer. So befreit er seinen Fuß aus den Händen seines Sohnes.[21]

In vielen aktuellen Diskussionen – etwa um Androhung von Folter oder bei Flugzeugdramen – ist die Frage präsent: Müssen allgemeine Gesetze auch im Sonderfall gelten oder sollen sie sogar vom Sonderfall abgeleitet werden? Können Extremsituationen allgemein gültige Gesetze bestimmen? Ich kann mir zwar persönlich auch als Ethiker vorstellen, von Grundsätzen, falls sie in extremis infrage gestellt werden, abzuweichen. Ich bin freilich, wie schon angedeutet, der Meinung: Einer, der die allgemeinen Gesetze im Extremfall überspringt, sollte entsprechende rechtliche Konsequenzen auf sich nehmen. Soweit ich sehe, kommt es bisher in solchen Fällen nur zu symbolischen Urteilen. An dieser Stelle zeigt sich, dass generelle Richtigkeiten nicht an jeden Einzelfall heranreichen können.

In der katholischen Tradition hat das Gewissen Vorrang vor der Norm, man ist aber darauf verpflichtet, sich mit dieser auseinanderzusetzen. Gewissen und Norm sind daher nicht vereinheitlicht, obwohl es immer wieder Tendenzen gibt, die Gewissen einem normativen Druck auszusetzen.

Erst ein Jahr nach Irenes Tod, während ich an diesem Text arbeite, wird mir klarer, was mich bei meinem eigenen Widerstand gegen Irenes Entschiedenheit, den ich bändigen und zurückhalten musste, doch wiederum näher an Irenes individuelle Entscheidung heranführt: Sie machte nie Propaganda dafür. Es war meine Art als Ethiker, der öffentlich lehrte und schrieb, mich für die Argumente einzusetzen, die ich meinte, gut geprüft zu haben. Damit war es unvermeidlich, dass ich nicht meine Einsichten für mich selbst beschrieb, sondern mich um das Gute und Richtige im menschlichen Zusammenleben, in der Gesellschaft, bemühte. Es ging mir nicht um mich, obwohl ich auch für mich diese Einsichten einlösen wollte. Aber nicht in erster, sondern in zweiter Linie. Schließlich will ich leben (und sterben), wie ich lehre.

Irene jedoch wollte keine allgemeine Norm aufstellen. Natürlich war mir das stets klar, aber erst viel später sehe ich auch die sozialethische Seite, die in ihrer Beschränkung auf sich selbst lag: Irene stellte sich nicht auf die Seite der Theologen und Ethiker, die öffentlich für das freiwillige Sterben warben. Die individuelle Entscheidung bedeutet hier: Ich will nichts Allgemeines aussagen. Hans Küng und Walter Jens haben auch nicht für ihr Modell werben, sondern es erklären wollen. Aber was immer wir mit unseren Büchern tun, wir würden sie nicht schreiben, wenn wir nicht für unsere Argumente werben wollten. Wir schreiben, weil wir Exemplarisches sagen wollen. Das wollte Irene nicht. Kann das Individuelle überhaupt exemplarisch sein? In der Literatur gibt es keine Anleitung, aber sie gibt zu denken. Die »Moral von der Geschicht' ...« soll nicht werben, sondern nachdenklich machen. Sonst ist es Propaganda, keine Literatur. Irene und ich wussten das als begeisterte Leser: Aufregende Literatur vermeidet die Eindeutigkeit und hinterlässt Nachdenklichkeit.

Selbstbestimmung und Beziehung

In einer Beziehung gibt es Selbstbestimmung nicht ohne die Rücksicht auf den anderen. Auch für die Gesellschaft gilt, wie Alan Gewirth sagt, die *mutuality*, die »Wechselseitigkeit« der

Rechte und Pflichten.[22] Wechselseitigkeit in Rechtsansprüchen ist das sozialethische Format. In der Gesellschaft geht es nicht primär um Beziehungen, sondern um die Korrespondenz von Rechten und Pflichten. Versteht man eine Beziehung aber als ein wechselseitiges Ineinander und Füreinander, dann geht es um Rücksichten, die mehr sind als Ansprüche im Sinne von Rechten und Pflichten.

In einer liebenden Beziehung gilt das noch intensiver. Hier kann der eine vom anderen erwarten, dass er seine Entscheidungen in Einklang mit den Erwartungen und Wünschen des anderen fällt. Das ist kein ungerechtfertigter Anspruch. Wechselseitigkeit heißt freilich auch, dass der eine den anderen respektiert und ihn in seinen Entscheidungen unterstützt. So entsteht ein Dilemma des Aufeinander-Rücksichtnehmens, das Irene und ich existenziell erfahren haben.

Eine eher objektivierende Beschreibung des existenziellen Problems aus einer gesellschaftlichen Perspektive heraus ist nicht alles. Denn ich selbst wollte ja nicht mit größter Intensität, dass Irene stirbt, ohne dass alles, was irgendwie medizinisch machbar war, eingesetzt wurde, damit sie nicht starb.

Meine existenziellen Gründe sind Beweggründe, Motive. In diesem Sinne sind sie auch nicht objektivierbar. Viele Gedanken schossen mir durch den Kopf und sie sind noch immer präsent: Warum war ich - ohne dies unter den unausweichlichen Umständen geltend machen zu können und zu wollen - dagegen, dass Irene die rettende Operation gegen den plötzlichen Darmdurchbruch während der Behandlung der Krebs-Metastasen verweigerte? Warum versuchte ich andererseits nicht, Irene zu überreden? Warum war ich vorbehaltlos bereit, sie bis zu einer (relativen) Wiederherstellung zu pflegen, um dann die Strahlentherapie gegen die Metastasen fortzusetzen? Warum bestand Irene bei aller Schwäche ihrerseits doch energisch auf ihrer individuellen Entscheidung, ohne auf meine Optionen und Bereitschaften direkt einzugehen? Oder anders ausgedrückt: Warum »verließ« Irene mich in ihrer Entschlossenheit, vor mir zu sterben?

Irenes Entschluss, nicht alles zu tun, um am Leben zu bleiben, ihre Bereitschaft zu sterben, empfand ich wie eine Kränkung. Da man »Kränkung« als Vorwurf verstehen kann, muss ich ausdrücklich betonen, dass ich Kränkung nicht im Sinne eines Vorwurfs, sondern im Sinne eines seelischen Schmerzes verstehe. Irene nahm an, dass ich diese Kränkung ertragen würde. Man kann es so sehen, dass sie für uns beide, also auch für mich, dachte. Nun, *ertragen* kann möglich und unvermeidlich sein, darüber hinwegkommen ist aber nicht das Gleiche!

Ich wollte während ihres Sterbens und nach ihrem Tod keine moralischen Fragen stellen. Irene kannte meine klare sozialethische Meinung. Ich war dagegen, die soziale Verantwortung und Entscheidung den mit Leiden und Einschränkungen belasteten Personen aufzubürden. Dies ist m. E. oft ökonomisch gesteuert, zutiefst unsolidarisch und sozial unverträglich. Irenes Einwände waren ihrerseits deutlich: Sie warnte davor, wie ich schon dargestellt habe, die individuelle Entscheidung mit Forderungen der Sozialkritik zu belasten! Das würde nämlich bedeuten, dass man alles vermeiden muss, was als bloße Erfüllung eines gesellschaftlichen Drucks verstanden werden könnte. Ich selbst musste ohnehin lernen, dass der Druck auf Lebenserhaltung um jeden Preis in der Medizin und gewiss auch bei den Patienten immer noch sehr präsent ist.

Bei Irenes Entscheidung ging es nicht um aktive, unmittelbare Lebensverkürzung oder Lebensbeendigung. Aber die Verweigerung von lebensrettenden Eingriffen ist auch ein Tun als Unterlassen. Dieses Unterlassen muss gegenüber einem selbst, gegenüber dem Geliebten, der Familie und für uns auch religiös begründet und verantwortet werden. Das sah auch Irene so und kam in diesen Punkten zur inneren Übereinstimmung:

Ja, sich sterben lassen, ohne alles dagegen zu unternehmen, ist persönlich, familiär und religiös richtig. Ich vertraue meinem Mann, dass er dies nachvollziehen kann und seinen Wunsch nach meinem Überleben, u. U. auch mit Einschränkungen und Pflegebedarf, hinter meinen Wunsch nach dem Abschluss eines erfüllten Lebens zurückstellt.

Warum konnte dies aber nicht Gegenstand einer argumentativen Auseinandersetzung zwischen uns beiden sein? Hier spielt der Gewissensrespekt eine große Rolle. Ich habe viele Texte über das Gewissen geschrieben[23], und ich kann die Spannung schildern, die zwischen einer normativen und einer existenziellen Ethik besteht. Normativ mag man sagen: Ich habe gute Gründe, eine Handlung nicht für richtig zu halten. Existenziell wird man dagegen sagen: Du hast das letzte Wort, ich muss das respektieren, ja, ich muss mich dafür einsetzen, auch wenn ich anders handeln würde und über die Berechtigung des Tuns und Unterlassens anders denke.

Was ich hier existenzielle Ethik nenne, habe ich - mit Irenes Beistand und mithilfe ihrer germanistischen und theologischen Kompetenz - als *narrative Ethik* an erzählten Mustern oder Modellen erörtert. Es gibt eine alte scholastische Debatte in der Moraltheologie, wonach eine Handlung verboten sein kann, ohne dass die Umstände eine Rolle spielen. Oder die gegenteilige Meinung: Die Umstände entscheiden über die Bewertung einer Handlung mit. Jede Handlung ist in persönliche, familiäre und soziale Umstände eingebettet und kann ohne Rücksicht auf diese nicht bewertet werden. Dieser Disput spielte in der Diskussion um das Gesetz zum Schwangerschaftsabbruch eine zentrale Rolle, insbesondere bei dem Rückzug der katholischen Kirche aus der Beratung von Schwangeren, den wir beide für falsch hielten. Dieser Rückzug schien uns das Ziel, Leben zu erhalten, hinter das Ziel, Normen um jeden Preis durchzuhalten, zurückzustellen - das war keine moralische Lösung!

Ich persönlich denke, auch in der normativen Ethik kann man nicht ohne Rücksicht auf die Umstände urteilen. Aber darum ging es mir nicht, als ich Irenes Entscheidung, die mich kränkte, respektierte und vor den Ärzten vertrat. Hier ging es mir um die andere, die existenzielle, nur narrativ nachvollziehbare und in diesem Sinne auch religiöse Perspektive der Ethik. Es ging um die Bedeutung einer Lebensgeschichte und einer unauswechselbaren, zugleich auch unhintergehbaren Individualität, für die im Lauf der Geschichte immer wieder das Wort »Gewissen« gebraucht wurde. Dazu muss ich sagen: Meines Erachtens kann man zwar keine Gesetze machen, indem man sein persönliches Gewissen verallgemeinert und damit die Logik des ethischen Diskurses verkürzt. Aber die individuelle Entscheidung für einen selbst, auch unter familiären, sozialen und religiösen Umständen, gehört in eine andere Dimension. Das ist der zentrale Punkt, der Irene bewegt hat: sich individuell selbst wichtig nehmen, bei aller Rücksicht auf andere.

Das Problem einer existenziellen Ethik

Kann die Selbstbestimmung mit der Selbstannahme in Konflikt geraten, wenn Weiterleben schwer erträglich wird, weil die Belastung mit physischem und psychischem Leiden über alle anderen Gesichtspunkte der Selbsterhaltung - auch für andere - hinauswächst? Warum gibt es diesen Konflikt besonders in wirtschaftlich prosperierenden Ländern? Auf diese Fragen kann man in der existenziellen Ethik m. E. keine normative Antwort finden. D. h. weder »erlauben« noch »verbieten« sind hier Alternativen. Trotz aller sozialen und sozialpsychologischen Ursachen, die in solchen Fällen beklagt werden können, gibt es nur die individuelle Einschätzung und den Respekt vor dieser. Die »Option für das Leben«, die als Beweggrund sozialen Handelns im christlichen Kontext eine gewichtige Rolle einnimmt, kann die Selbstannahme nicht einfordern, sondern nur begleiten.

Im Glauben ist das Bewusstsein des Angenommenseins durch Gott, das Leben im Gottvertrauen ein wichtiges Gefühl des Geborgenseins. Der Verlust der unbedingten Annahme des Lebens eines anderen Menschen erscheint für den Glauben wie eine kulturelle Amnesie Gottes. Denn Gott hat seine Geschichte mit den Menschen als Geschichte der Annahme geschrieben, einer fortschreitenden Reinigung des Bildes der verwerfenden Gottheit, bis Gott und Mensch in diesem Glauben der Annahme zusammengeschweißt waren: Gott ist nicht denkbar, ohne diese vom Menschen genommene, aber seine Kräfte übersteigende Sehnsucht. Der Mensch ist nicht denkbar ohne dieses Menschenbild der Annahme und ohne seine Verankerung in Gott.

Irene war der festen Überzeugung: Ihr selbstbestimmtes Sterben und das Gefühl des gläubigen Angenommenseins durch Gott widersprechen sich nicht. Denn das Gefühl der Annahme ist nicht äußerlich. Es ist auch nicht hierarchisch. Die Gläubige wächst vielmehr aus dem Kindsein heraus, in welchem Gott sich im Vater- und Mutterbild zuneigt. Im Modus der erwachsenen Innerlichkeit der Gottesbeziehungen erscheint der Gott der Erlaubnisse und nicht der Gott der Verbote, der gewährende und nicht der verbietende Gott.

Ich komme auf das Handeln Jesu zurück: Die Ölbergszene im Neuen Testament wird oft so ausgelegt, als fordere der Vater vom Sohn das Opfer des Leidens und Sterbens am

Kreuz als Ausgleich (»Satisfaktion«) für die Schuld der Menschen. Im Text des Evangeliums steht aber keine Forderung des Vaters an den Sohn. Das Bild des Opferlammes Christus legt eine solche Interpretation später nahe, aber man kann es auch anders verstehen: es ist ein Opfer gegen die Gewalt als Mittel der Religion. Was bedeutet dann die Frage Jesu nach dem Willen des Vaters? Es ist die Frage nach einer Übereinstimmung mit dem Vater angesichts der Todesangst, diesen Weg doch zu betreten. Jesus verlangt bei seiner Verhaftung, dass die Jünger nicht verhaftet werden. Er steht für sie ein.

Irenes Auseinandersetzung mit der gläubigen Selbstbestimmung im Sterben hat einige Gedanken von unseren Freunden aufgenommen. Dies gilt z. B. für Edward Schillebeeckx (1914-2009), Dominikaner und Konzilstheologe, mit dem wir zusammenarbeiteten und seit der Gemeinschaft ebenfalls bei CONCILIUM immer im Gespräch blieben. Bei unseren Gesprächen ging es um die narrative Theologie als Neuerzählung des Christentums.

Gewiss wusste Irene über das christliche Dasein für andere sehr gut Bescheid. Denn darin war sie in ihrem ehrenamtlichen Einsatz in der Altenpflege und als Deutschlehrerin für Migrantenkinder stets aktiv. Aber gerade darin sah sie sich auch zur Passivität verurteilt. Sie nahm sich, wenn sie mit Pflegfällen umging, im Voraus selbst als Pflegefall wahr und hatte erlebt, was dies für sie und andere bedeutet.

Deshalb wählte sie eine Grundpassivität, die nicht alles passiv über sich ergehen lässt, sondern die auf Formen der Aktivität verzichtet, an denen sie hätte konstruktiv mitwirken mussen. »Tun« und »Unterlassen« sind ja nicht voneinander klar zu unterscheiden[24]. Wiederum geht es um eine Entscheidung zur Grundentschiedenheit, in der auch die Passivität ein Akt ist - unter Umständen wie bei Irene ein Akt der Verweigerung von Aktivität.

Irene nahm eine »Kränkung« oder »Verletzung« ihres »Herzallerliebsten« in Kauf. Er wollte, dass sie lebt. Sie wollte, dass sie stirbt, unter den Umständen, die *sie* bestimmt. Sie wollte sich nicht dem Leben und seiner Einschränkungen »überlassen«. Das entsprach nicht der gläubigen »Überlassenheit«, aus der sie lebte. Darum nahm sie die Bereitschaft ihres Mannes, sie unter allen Umständen zu betreuen, nicht als Verpflichtung an. Seine Option war anders und sie wusste, dass er dennoch zu ihr stehe würde.

Wie ich schon angemerkt habe, entschied Irene in gewissem Sinne für uns beide. Man kann es »Maternalismus« nennen; letztlich hat die Frau das Sagen. Darüber haben wir gelegentlich gescherzt. Irene wusste aus Erfahrung, dass ich mich in meiner Leistungsfähigkeit überschätzen und über jede Grenze hinausgehen könnte. Aufgeben war nicht meine Art. Sie zweifelte daran, dass ich wüsste, worauf ich mich einließe, wenn die Sorge für sie alles andere bestimmen würde.

Ich weiß nicht, ob Irenes Einschätzung meiner selbst in jeder Hinsicht richtig ist. Aber das ist auch nebensächlich. Ihr Entwurf für mein Leben bestand nicht in einem Ausstieg aus meiner intensiven und weiterhin gern ausgeführten Tätigkeit, sondern in deren Fortsetzung, auch ohne sie, mit ihrem Zulächeln vom Himmel.

So viel zu meiner »Selbstbestimmung« und all den Unstimmigkeiten, die sich für mich aus Irenes Entscheidung ergaben. Letztlich war es irgendwie auch kurios: Ich mit meiner aktiven Lebenseinstellung war bereit, mich passiv dem medizinischen Rettungsangebot anzuvertrauen; die eher passive - wenn auch sozial aktive - Irene hingegen verweigert sich der medizinischen Aktivität und verfügt so aktiv über den Ablauf ihres Sterbens. So können sich Aktivität und Passivität vertauschen. Dieser seltsame Tausch setzt sich fort: Irene lag stets an der gestalteten Bindung in allen Lebensfragen, an der Übereinstimmung, während ich eher auch an der Unterschiedlichkeit von Auffassungen meine Freude hatte. Irene fand Unterschiede nicht gut. Sie diskutierte sie zwar, aber ungern. Von daher war klar, dass sie im erschöpften Zustand einen Diskurs vermeiden wollte. Bei allem Respekt, den auch die Liebe als Anerkennung und Annahme aufrechterhalten muss: Irenes Entscheidung war eine individuelle.

Unser gemeinsamer Glaube führt als Brücke über den tiefen Graben. Der Tod ist keine Scheidung, kein Verschluss, sondern eine Öffnung in die Andersheit. Ein Einschnitt, kein Abschnitt, eine Trennung, keine Abtrennung. Sterben ist kein »Ent-Leben«, letztlich im Glauben auch kein »Ent-Lieben«, sondern eine andere Art von irdisch-jenseitiger Gemeinsamkeit. Da war sich Irene sicher. Berührt die Härte ihrer Entscheidung also nur die Einschränkung des irdisch-endlich-liebenden Lebens oder auch eine große Offenheit für eine andere Zukunft? Wie es sein würde, das konnte sie nicht wissen, aber sie wollte vertrauen.

Die Frage nach einer solchen Zukunft ist die Frage nach dem »ewigen Leben«, nach dem Leben über den Tod hinaus und nach der leiblichen Auferstehung. Sie hat uns, wie wir noch sehen werden, beschäftigt, ohne dass wir darüber ins Grübeln gerieten. In den sechs Wochen der manifesten Krankheit und des Sterbens haben wir viel mehr über uns und unsere Beziehung gesprochen, sie uns erzählt und sie tief empfunden. Für uns ist das ehrliche und offene Erzählen eine stets begehbare Brücke zueinander, und in diesem Sinn begannen wir, uns unsere Leben als Fortsetzung des Liebens zu erzählen.

Sich das Leben und die Liebe erzählen

Dietmar mit Irene gemeinsam in der Klinik:
1.-9. Januar 2017

Die Ärzte der Radiologischen Klinik erlaubten mir, in Irenes Klinikzimmer einzuziehen, »als Betreuer und spiritueller Begleiter«. Irene kann inzwischen nicht mehr aufstehen und wird rundum im Bett gepflegt. Ich bin sehr froh, mit ihr hier zusammen zu sein. Wir haben extrem schöne Stunden gemeinsam. Wir sprechen viel über unser gemeinsames Leben ab 1965 in Würzburg. Beide haben wir unterschiedliche Geschichten über unser Kennenlernen in unseren Erinnerungen bewahrt. Wir haben sie oft ausgetauscht. Hier im Klinikzimmer wird es noch einmal ganz präsent.

Ich weiß noch genau, sagt Irene mit leiser Stimme, ich war als Studentin für Religion und Deutsch in Würzburg im Februar 1965 bei einem theologischen Vortrag, den ein Dozent der Moraltheologie hielt. Er sprach über die Wandlungen des Gehorsams. Ihm ging es darum zu zeigen, wie weit Gehorsam von Unterwerfung entfernt sei und wie sehr Verantwortung im heutigen Verständnis mit Gehorsam verbunden sei. Irene schmunzelt und ihre Stimme wird langsam fester: Ein Student widersprach ihm - er fand den Vortrag zu harmonisch. Er erläuterte die Gehorsamsriten, die noch heute in der katholischen Kirche an die Kultur des Mönchtums angelehnt seien. Er betonte den Unterschied von Gehorsam und Verantwortung. Es war nicht so sehr allein das, was er sagte, sondern worin er sich auskannte und wie er dies formulieren und zuspitzen konnte. Ich empfand ihn als mutig, denn zu dieser Zeit nahm ich, wie viele andere auch, den Unterschied zwischen Lehrenden und Studierenden noch als so stark wahr, dass mich dieses Selbstbewusstsein überraschte. So wurde ich also auf den Mann aufmerksam, den ich später kennenlernte, ohne dass er es selbst gewahr wurde. Damals hätte ich nicht zu ahnen vermocht, Dietmar, wie unsere gemeinsame Geschichte weitergehen würde ...

Ich hingegen erzählte Irene meine Erinnerung und spüre noch heute diesen blühenden Tag des 1. Mai 1965. Damals nahm ich an einer Maiwanderung der Katholischen Studierenden Gemeinde teil. Schnell kam ich mit einer Gruppe von Studierenden aus dem Saarland und Kollegen aus dem Trierer Priesterseminar, die in Würzburg in sogenannten »Freisemestern« studierten, ins Gespräch. Es war eine Atmosphäre der Vertrautheit. Mich interessierten auch einige junge Damen in Würzburg - damals sagte man noch »Mädchen« -, insbesondere, da ich an meiner ersten Liebe zu zweifeln begann. Ich hatte wohl »die Antennen ausgefahren«, wie man so schön sagt. Der Frühling passte gut dazu.

Erinnerst du dich?, frage ich Irene: Erst auf dem Heimweg kamen wir näher ins Gespräch über Deutschseminare, die wir besuchten. Mir gefiel nicht nur, wie du erschienst, sondern auch, wie du sprachst, deine etwas dunklere Alt-Stimme. Ich hatte eine Vorliebe für grüne Augen. Und deine Augen leuchteten nicht, sie sprühten förmlich vor Lebensfreude, sodass ich oft das Gefühl hatte, sie »blitzten«. Nun, manchmal blitzen sie auch im Zorn ... - Wir müssen lachen.

Eine gewisse humorige Pointe bekam die Begegnung damals dadurch, dass wir in einen Platzregen gerieten, als wir uns der Stadt näherten. Wir waren nicht allein - ich war zu dieser Zeit selten mit dir allein, denn da gab es noch andere, die dir folgten. Einer von ihnen hatte sein Fahrrad geholt und schob es nun vor uns her. Er trug einen großen und langen Wettermantel, der so lang war, dass er über sein Fahrrad hinweg reichte und sogar uns beide noch abschirmte. So kamen wir einander näher unter diesem Mantel. Da war gleich diese begehrliche Vertrautheit zwischen uns ... Und so häuften sich bald die Verabredungen, wenn es auch mancherlei retardierende Momente gab, bis ich dir in einem späteren Semester ein Zimmer in der Innenstadt besorgte, das uns das gemeinsame Leben erleichterte. Ja, das war mal ein Anfang, an den man sich erinnern konnte!

Oh ja, Irene nickt, diese Begegnung auf dem Ausflug im Mai ist für mich auch mit einer schmerzhaften Begleiterscheinung verbunden: Ich hatte mir die schönsten Sommersandalen angezogen. Sie waren für eine Wanderung natürlich ungeeignet und so lief ich mir Blasen. Mein Freund aus Jugendtagen, der spätere Bolivien-Priester Herbert Latz aus meinem Dorf, der auch gerade in Würzburg studierte, nahm sich dieses Problems energisch an. Bei der Bundeswehr hatte er gelernt, dass man solche Blasen aufschneidet. Dein erster Besuch, Dietmar, kam leider zu spät, um diese Brutalität aufzuhalten. Aber wir nahmen es mit Humor. Mit einem großen Strauß Margeriten standst du vor mir und als ich die Blumen sortierte, fotografiertest du mich zum ersten Mal.

Humor brauchten wir auch weiterhin, denn meine Eltern hatten mich in Würzburg bei einer älteren alleinstehenden Dame untergebracht. Sie war durchaus für die sich anbahnende Beziehung aufgeschlossen. Aber erinnerst du dich an unsere abendlichen Pokerrunden? Wie oft bist du als letzter gegangen und musstest dich an der offenstehenden Tür des Schlafgemachs meiner Wirtin auf Händen und Füßen vorbeischleichen. - Ja, aber mein Schleichen hat sie ja zum Glück gut mit ihrem Schnarchen übertönt, bekräftige ich. Wir schmunzeln in uns hinein. Irenes Hand in meiner Hand - hautnahes Erzählen.

Brücken der Liebe

Sterben als Teil des Lebens folgt in vielerlei Hinsicht der Weise des Lebens selbst. »Weise« meint hier zugleich eine Art *manière de vivre* und eine Melodie.

Im Jahr vor ihrer Krebsdiagnose hat Irene, die ohnehin nichts wegwerfen konnte - gegen den Wegwurf der Briefe einiger Verehrer hätte ich keine Einwände gehabt - alle Briefe durchgesehen, die wir uns geschickt haben. Hunderte waren es bestimmt. Zeitweise schrieben wir uns jeden Tag, und zwar nicht nur einige Worte oder rituelle Beschwörungen unserer Liebe. Die Briefe dokumentieren Leben und Erleben. Ein Leben, das man nicht mehr für sich behalten, sondern unbedingt täglich teilen will, auch wenn man räumlich getrennt ist. Schon zu unserer Zeit, also ab den sechziger Jahren, war Mobilität gefragt. Es galt, zwei Berufe zu verfolgen, aber nicht auseinanderzudriften. Die Briefe sind unsere Brücken über die Flüsse, über die Schienen und Wetterzonen. Inzwischen wird viel mehr mit elektronischer Hilfe gesprochen. Natürlich haben wir auch telefoniert. Das war allerdings teurer und stand eher unter der Diktatur der Zeit.

Schreiben ist langsamer als Reden. Schreiben - zumal bei uns Literaturliebhabern - ist Formen und Gestalten. Natürlich wussten wir, dass wir weder die Klassik noch die Romantik imitieren wollten, aber wir kannten sie »literarisch«, und das bedeutete auch einen Minimalanspruch an die Sprache. Schreiben ist auch teilen über einen Zeitraum und eine damit verbundene Durststrecke hinweg. In den ersten beiden Jahren, 1965 bis 1967, waren wir nach dem ersten gemeinsamen Semester in Würzburg eher getrennt durch Studien und Praktiken, trafen uns aber in der Heimat. Diese Zeit verlief nicht ohne Höhen und Tiefen, weil ich ein unsicheres Lebensprogramm als Laientheologe in der Wissenschaft gewählt hatte. Lehrer wollte ich nur zur Not werden, dazu hatte ich im Gegensatz zu Irene kein Talent. Irene hingegen wollte die Sicherheit der Beziehung – der Rest komme von selbst.

So lief es darauf hinaus, dass wir unterschiedliche Ansprüche an uns stellten. Im Gespräch waren wir immer, besonders über Theologie und über Literatur auf beruflicher wie auf privater Ebene. Trotz der unterschiedlichen Arbeitsorte meisterten wir so ein Zusammenleben und pendelten zwischen Würzburg und Saarbrücken, Tübingen und Saarbrücken, lebten gemeinsam sechs Jahre in Düdingen in der Schweiz und ab 1981 bis 2017 in Neustetten-Remmingsheim bei Tübingen.

Irene schrieb auch auf ihren längeren Studienreisen, jeweils kurz nach der Geburt unserer beiden Kinder. Die erste führte sie 1978 nach Israel, die zweite 1980 nach Lateinamerika. Sie schrieb fast täglich und ließ mich auf diese Weise daran teilhaben. Es sind religiöse Reiseberichte, entzückend zu lesen.

Meine Briefe hat Irene, die Deutschlehrerin, im Jahr 2016 nicht nur erneut gelesen und geordnet, sie hat sie auch qualifiziert, »die schönsten Liebesbriefe« voran. Nun hat sie diese Briefe unserer Enkelin vermacht. Sie soll wissen, was wahre Liebe ist und was diese Liebe für ihre Großeltern bedeutete.

Das Klinikzimmer, in dem wir in diesen Tagen gemeinsam leben und übernachten, ist durchströmt von unserem erfüllten Leben. Übereinstimmung. Wechselseitige Überlassenheit. Arbeitsteilige Autonomie.

2.-8. Januar 2017: In der Klinik

Wenn wir nicht reden, arbeite ich und Irene schreibt. Sie no-
tiert so viel sie kann in ihrem Tagebuch und schreibt Briefe
an Verwandte und Freunde. Manchmal fällt es ihr schwer,
dann diktiert sie, so wie diesen Brief an unsere Enkelin:

Brief an die Enkelin, Tübingen 01.01.2017

Meine Süße,
mein liebes Mädchen
wir müssen Abschied
nehmen. Das tut weh,
und bestimmt werden
wir alle ganz viel
weinen. Aber Tränen
tun auch gut. Wenn
man ganz viel geweint
hat und ganz leer
ist, ist viel Platz für
gute Erinnerungen.
Weißt du noch, wie
wir gekuschelt haben
und ich deinen Rücken
gekrault hab mit
spitzen Fingern und
deine Öhrchen massiert
hab, von oben nach
unten, immer im Kreis,
und deine skimüden
Füße gestreichelt habe von
den Fersen bis zu den

Zehen? Weißt du
noch, wie du mir
von deinen guten Noten
erzählt hast und ich
deinen Frosch mit
Eurostücken gefüttert
habe? Weißt du
noch, wie du mir
Küsschen gegeben hast mit
deiner kühlen Nasenspitze
auf meiner Wange?
All das wirst du in
Erinnerung behalten und
nie vergessen. Wenn
du dich in das Dreieck-
Tuch kuschelst, das ich dir schenke,
dann wirst
du das Gefühl haben,
dass ich ganz nah bei
dir bin. Und wenn
du die Augen schließt, wirst
du wissen, dass wir
immer miteinander
verbunden sind, ganz
tief im Herzen. Ich
liebe dich so sehr
für immer,

Deine Oma

Tagebuchaufzeichnungen 01.01.2017

Schön
wie wir noch
Weihnachten gefeiert
haben zu Hause in der Familie
in Remmingsheim.

Dietmar
weint viel
mein armer Geliebter,
aber er wird es
verkraften.

02.01.2017
7.35
Schön
der heraufdämmernde
Morgen, das Licht, die Ruhe, die Stille
so friedlich.

8.00
Vor
dem Fenster
wird es hell
der Himmel ist noch
grau.

Was
meinen Tod
betrifft haben sich
alle meine Wünsche erfüllt.
Gnade!

9.30–10.30
Toilette
im Bett
gut, dass ich
mich nicht anstrengen muss
dabei.

13.00
Auf
dem Topf,
dass bei den
vielen Tränen noch Flüssigkeit
bleibt.

Vor
dem Fenster
Schnee und Eiskristalle,
auf den Bäumen verzauberte
Welt.

22.20
Was
wird mit
mir, wenn ich
hier nicht möglichst schnell
sterbe?

Ich
bin verzweifelt
wo sind Sicherheit,
Vertrauen, Hoffnung auf Verständnis
geblieben?

Mein
Vertrauen in
die Ärzte ist
zerstört – Ungewissheit
Angst und Unsicherheit
bleiben.

Ich
sehe mich
mit den Augen
der Ärzte: eine Patientin,
die jede Behandlung
verweigert.

Wundliegen
vermeiden!
Wozu noch?
Ich will doch nur
sterben.

Sie
werden hier
mit allem versorgt.
„Wir sind keine Pflegestation",
Widersprüche.

Wer
vertreibt mich
aus meinem Pflegeparadies
mit dem wunderbaren
Fenster?

03.01.2017
Mitternacht
ich habe
mich beruhigt dank
Morphium.
Leonard Cohen begleitet
mich.

22.30
Ich
werde seltsam
antworte laut auf
Fragen, die sich mir
in Gedanken gestellt haben.

4.00
Wie
habe ich
gezögert wegen der
Antibiotioka –
verlängern sie mein
Leben?

Pflegepersonal
schafft eine
wunderbare komfortable Situation,
das darf offenbar nicht mehr
sein.

Es
geht um
Stunden oder Tage
aber die Zeit dehnt
sich.

6.20
„Mein
Herz tanzt
In den Himmel,
Wenn eine Wolke kommt –
Sterbe ich."
(Else Lasker-Schüler)

Ich
will gelassen
hinnehmen, was kommt.
Ich gebe mich in Gottes
Hand.

So
viele Menschen
waren gut zu
mir – ich danke allen
von Herzen.

An ....
ich will
in Frieden gehen
und lasse allen Groll
zurück.
(Irene, 03.01.2017)

Ich
bin so
unendlich dankbar, dass ich
hier bleiben darf
bis Sonntag.

04.01.2017
2.10
Weinen
vor Dankbarkeit
und Glück, dass
wir hier sein dürfen
bis Sonntag.

Dem
Geheimnis meiner
Tränen auf der Spur: Dankbarkeit und
Glück.

Gute Gründe zu weinen:
Dankbarkeit, Glück, Freude, Überraschung,
Vergebung, Liebe,
Sehnsucht, Enttäuschung,
Schmerz, Trauer,
Gefühl der Verschmelzung,

Angst, Stress,
Überforderung, Unzulänglichkeit,
Eifersucht, Vernachlässigung,
Zurücksetzung, Liebesentzug.

5.40
Toilette im Bett
8.15
3-mal auf Toilette

Nach
meinem Empfinden
ist heute der
Tag X zum Sterben,
endgültig.

9.00
Visite
der Doktor
ist jetzt sehr
freundlich, zugewandt
empathisch und
einfühlsam.

Ich bedanke mich für die Möglichkeit
hierzubleiben
bis Sonntag.

20.00
Seit
dem 26. Dezember der 1. Stuhlgang.
Wie eine Begnadigung
nach einem Todesurteil.

Lösung
Erlösung von Belastungen
sich lösen – sich befreien
körperlich, psychisch,
entspannend.

Lieber
Gott ich
danke dir, könnt ich,
würd ich knien
hier.

Dass
man sich
so über einen
Kackhaufen freuen kann und
jubeln.

22.15
Alarm
auf allen Geräten – jeder Ton
ein Hammerschlag auf meinem
Kopf.

05.01.2017
0.40
Immer
noch erfüllt
von Glück und
unaussprechlicher tiefer
Freude über die
„Lösung".

2.20
Einen
roten Teppich
aus Dankbarkeit und
Glück breite ich innen aus.

Größer
als meine Verzweiflung war
ist meine Freude heute.

Dietmar
versucht, meine
überschäumende Freude zu
bremsen: Noch ist alles
möglich.

           J.,
           du hast
           mir die Krankensalbung
           Gespendet – das war Trost.
           Danke.
           Irene

06.01.2017
J.
Danke für
den schönen Blumenstrauß.

Vögel
versammeln sich
vor meinem Fenster
hüpfen, schaukeln durch die
Äste.

I.
wunderbarer Strauß
verwandelt das Zimmer
weckt Erinnerungen
ans Altenheim.
Danke!

Quälend
der Durst
Wattestäbchen helfen kaum
noch – alle Flüssigkeit
wird von der Mundhöhle
aufgesaugt.

Schlafen
schlafen nicht
mehr aufwachen. Mein
Bedürfnis nach Ruhe ist
übergroß.

Morphium
hilft nicht
wirklich gegen Schmerzen
unterschwellig sind sie immer
präsent.

Jenseits
der Scham
meine „Sitzungen" morgens
und in der Nacht.
Überlassen!

D.
ist beseelt
von der Vorstellung,
mich medial gut zu
versorgen.

07.01.2017
[Kinder und Enkelkind waren zu Besuch]
Schön, Familie zu haben –
Echt!

08.01.2017
Mein
letzter Tag
in der Klinik
ich freue mich auf
Zuhause.

Zwischen
mir und
meinem Bett zu Hause
noch ein garstiger Graben:
Die Fahrt im Sanicar.
(Die Fahrt war gut. Dietmar fuhr am Bett mit.)

Ich bin froh, dass ich auch bei der Fahrt von der Klinik zu uns nach Hause an Irenes Seite sein kann. Der Transport verläuft ohne Probleme. Wir beide sind erleichtert, als Irene in dem Bett in unserem Wohnzimmer liegt. Sie freut sich vor allem über den wohlbekannten und doch irgendwie neuen Ausblick aus dem Fenster. In die Weite, ins Freie.

Natürlich haben wir eine ambulante Palliativbetreuung organisiert. Irene hat eine Schmerzpumpe bekommen, die sie nach Bedarf selbst bedienen kann. Unsere Kinder sind da. Jeder auf seine Weise. Wir wechseln uns ab. Immer wieder muss einer von uns Irene im Bett hochziehen, wenn sie heruntergerutscht ist, oder sie umbetten, damit sie sich nicht wundliegt. Allein schafft sie es nicht mehr. Ich weiche kaum noch von ihrer Seite. Nachts schlafe ich neben ihr auf der Couch. Irene selbst schreibt ihre Gedanken und Gefühle auf, solange sie kann.

9.-14. Januar 2017: Zu Hause

09.01.2017
Sekt
aus Wattestäbchen
saugen – mein bescheidener
Wunsch nach Luxus
zu Hause.

10.01.2017
D.,
der tolle
Fernseher begeistert mich.
So ein großes, scharfes
Bild!

D.,
deine Blümchen
Schmetterlings-Tasse bringt
den Frühling an mein
Bett.

W.
hat mir
zu Silvester in
St. Ursula
eine Kerze angezündet.
Danke!

Indi
liebt Leo* heiß und innig
nicht zu Leos Bestem
leider.

Massageöl
zu kaufen
genügt nicht – jemand
muss es auch anwenden!
Fußmassage.

* Leo ist ein Stofftier des Enkelkinds für Oma.

12.01.2017
Mitternacht
mit
einem Schluck
Zitronenwasser im Mund
gehe ich dem Tod
entgegen.

Fragen an meine Kinder:
Habt ihr euch verabschiedet?
Habe ich mich verabschiedet?
Bleibt noch ein Rest?

Adieu
meine Lieben
wir sehen uns
wieder im Himmel – mein
Glaube.

Danke
allen, die
mich begleitet haben:
Dietmar, C., J., D., H., J.

Beim
Lesen dieses
Büchleins nicht nur
weinen – ihr dürft auch
lachen!

Aus
dem Schlaf
in den Tod
gleiten – mein letzter Wunsch.
Schmerzpumpe
letztes Angebot
für einen selbstbestimmten
Umgang mit Sterben und
Tod.

13.01.2017
12.30 Schmerzpumpe zweites Mal
1. Mal ca. 9.30
Wundschmerz beim Liegen

14.01.2017
Was mich ermüdet:
Wenn alle in Hörweite miteinander
in eine heftige Diskussion einsteigen.
Es ist zu laut.

In Deine Hände lege ich mein Leben

In Deine Hände lege ich
meine unruhigen Gedanken
meine wirren Gefühle, mein Leben
In Deinen Schoß lege ich
meinen müden Kopf
die Früchte meines Tuns
meine Sorgen
Unter Deinen Mantel lege ich
meinen schutzlosen Leib
meine verwundete Seele
meinen angefochtenen Geist
In Deine Hände lege ich
meine Freunde
meine Feinde
mein Leben

- Ende der Aufzeichnungen -

Dieses Gedicht von Anton Rotzetter (1939–2016) ist Irenes letzte selbstständige Eintragung in ihr Tagebuch. Danach schwindet ihr Tastsinn, sodass sie auch nicht mehr schreiben kann. Wie ihrer letzten Eintragung zu entnehmen ist, wird Irene durch Geräusche sehr gestört. Das Gehör bleibt, die Stimme wird immer schwächer, ein Geraune, die Hand antwortet schlaff, aber sie empfindet.

Am 16. Januar wird noch einmal ihr Pflegegrad geprüft. Dieser Bericht war zwar nicht in allen Punkten korrekt, doch das war nicht mehr wichtig.

Mein Sohn und ich lernen mit dem »Toiletten-Porsche« umzugehen, einem doppelwandigen Gefäß, das meine Tochter gekauft hat. Wir beide helfen Irene bei der Toilette. Sie ist zu schwach, um sich abzuheben.

Wir reichen ihr Wattestäbchen mit Flüssigkeit, da sie auch schon nicht mehr trinken kann. Regelmäßig befeuchten wir ihre Lippen. Dann: Rasselnder Atem, offener Mund. Ist das eine Lungenentzündung? Der Arzt kommt und untersucht sie. Beim Gehen sagt er mir vertraulich an der Haustür: Nach seiner Erfahrung höchstens drei Tage, vermutlich früher.

Körper und Begehren

Irene hat ihre Körpergefühle in ihrem Tagebuch mitgeteilt. In der Liebe ist das Gefühl für den Körper besonders lebendig. So kann man eine Kranke nicht begleiten, ohne am Wandel ihres Körpergefühls teilzunehmen. Nicht als Ärztin, nicht als Pfleger, noch weniger als ein Mensch, der diesem Körper zugehört, dem er vertraut ist, in dem er Erinnerungen weckt.

Zur Liebe gehört das körperliche Begehren. In seiner Intensität reicht es bis in himmlische Dimensionen, so irdisch es auch ist. Denn die himmlischen Dimensionen des Begehrens müssen sich auch der Körpersprache bedienen. Diese Sprache ist reiner als Worte, die körperlos in der Luft schweben und Menschen auch verletzen können. In der christlichen Urbotschaft gibt es keine Verekelung des Körpers, aber viele alte Zeitgeister sind darüber hinweggegangen. Die Suche nach Befreiung aus den negativen Vermessungen des Körpers und der Sexualität ist noch nicht am Ende.

Das Christentum will kein Leben als Geist ohne Körper, es ist keine körperlose Religion. »Fleisch« ist eigentlich keine Metapher für die Sünde, sondern für die Auferstehung. Merkwürdig, wie Jesus mit der irrenden körperlichen Liebe umgeht, während gerade er den patriarchalischen Beziehungen - dem damaligen Verständnis von Ehe - keine Dauer, kein neues ewiges Leben gönnt.

Irene und ich konnten mit vielen anderen, die um 1968 heirateten, Sexualität ohne den Geruch der Beichtstühle erleben. Aber das gehört in die vielen Bücher, die darüber, auch von mir, geschrieben wurden: *Die Kunst, zärtlich zu sein* (1983), *Ehe als Entwurf* (1984), *Das gläserne Glück der Liebe* (1992) und unzählige Aufsätze. Als erstem Laien in der Zunft schob mir die damals immer noch große Schar der Priester in der Theologischen Ethik diese Themen zu. Ich war dann froh, dass ich sie einmal der wachsenden Schar von Moraltheologinnen überlassen konnte ...

Der geliebte Körper also wird in der Krankheit erlebt. Zunächst sah ich einen Schorf an Irenes linker Brust. Irene beruhigte mich: Sie sei doch getestet und ohne Befund. Ehepaare haben sich schon gegenseitig gepflegt, auch diese körperliche Begegnung ist ihnen nicht fremd. Dennoch kommt in der Krankheit eine andere Körpererfahrung zur Geltung, in der sich Anziehung, Bewunderung und Begehren mit der Fürsorge mischen. Ich hatte dies schon von älteren Freunden, die Krankheit und Sterben bei ihrer Frau erlebt hatten, gehört. Nun wurde es mir zum Erleben. Gemischte Gefühle begleiten einen geliebten Menschen, der immer noch das Begehren weckt, das Herz mit einem Schwall von Neigung besetzt. Zugleich entziehen die Krankheit und das Sterben schrittweise den Körper. Noch ist die Wärme vertraut, noch ist das Hautgefühl intakt, bei den körperlichen Handreichungen spürt man die vertraute Anziehung. Ja, es ist, als wenn sich das Gefühl noch einmal erheben und darüber empören würde, dass ihm nun der vertraute Körper, die vertraute Gestalt, das Feeling der Haut, entzogen wird. Im Entzug können Empfindungen besonders stark wirken.

Die dramatische Änderung, die eingetreten ist, lässt bei mir Angst um die Geliebte entstehen. »Furcht gilt nicht in der Liebe.« Dieses Wort des 1. Johannesbriefes ist vermutlich noch nicht in diesen Kontext gestellt worden. In der Tat geht es dabei nicht nur um gläubige Metaphorik, in der Gottes Zuwendung von der *Angst vor ihm* befreit und in die *Furcht um ihn* verwandelt wird - die Furcht, ihn zu verlieren. Es geht auch um das allgemein menschliche Phänomen der Furcht vor dem Verlust. Die leibliche Vertrautheit beruhigt zunächst, dann wird der Tod zum Feind. Die Furcht um den Verlust und vor der Verwesung verbindet sich mit der Hoffnung auf eine intensivere Lebendigkeit. Gefühle überlagern sich: das Gefühl, das Hoffnungen weckt, soll das stärkste sein.

Irene fürchtet sich weder vor noch um Gott. Es war für sie und mich eine besondere Erfahrung, Angstfreiheit im Tod zu erleben. Der Sterbende tröstet die Zurückbleibenden über seinen Verlust. Das hat Irene dann auch nicht nur versucht, sie hat es getan.

Am 17. Januar habe ich um 12 Uhr einen Arzttermin wegen meiner Beschwerden im linken Bein. Doch ich bin nervös und sehr beunruhigt. Noch bevor ich aufgerufen werde, eile ich aus der Klinik und bin eine Stunde später wieder zu Hause. Mein Sohn ruft mich an Irenes Bett. Ich lese ihr vor. Auch meine Tochter hört zu. Ich halte Irenes Hand und lese Gedichte und eine von mir erfundene Geschichte über Jesu Bruder Jacob.

Dann kommt Irene kurz zu Bewusstsein. Sie nimmt alles wahr. Unser Sohn merkt es als Erster: »Nimm sie in den Arm«, sagt er leise zu mir. Ich nehme sie in den Arm und streichele sie sanft. Sie tut den letzten Atemzug.

Wir drei bleiben bei ihr bis zum 18. Januar.

Liebende Erinnerung
und Geschichten vom Jenseits

Ein Meer von Tränen

Auch gutes Sterben ist nicht gut

Herzallerliebster ... Wir haben geredet. Ich habe mehr geredet, Irene wollte irgendwann nicht mehr so viel sprechen, lieber ruhen. Wir haben im wahrsten Sinne des Wortes über »Gott und die Welt« geredet. Über unser gemeinsames glückliches Leben, die Intensität des Liebens, die Sternstunden, die Reisen, die gemeinsame Lektüre von Klassikern und Neuerscheinungen, über unsere musikalischen Vorlieben und unsere unterschiedlichen Eindrücke. Über unser Bedürfnis an Gottesdiensten gegen den allgemeinen Trend, über Mystik und den unvermeidlichen Meister Eckhart. Wir hatten uns den ironischen Spruch unseres verehrten Lehrers Alfons Auer (1915-2005) zu eigen gemacht und wir tauschten ihn oft aus: »Jeder, der noch frömmer ist als ich, ist mir verdächtig.« Es war ein unaufhörliches Gespräch über die Kirche und ihren Bedarf an Reformen, über die Wahrnehmung von Politik und Medien, über unsere Erfahrungen, über gemeinsame Momente mit unseren Freunden, über die Kinder und ihre Sorgen, und immer wieder über unser Glück.

Ich wusste es aus meiner Arbeit und erfahre es nun ganz konkret: Auch ein guter Tod ist kein guter Tod. Fragen bleiben. Fragen wie diese: Kann man wirklich Schmerzen effektiv lindern? Kann man die Unruhe wirklich beruhigen? Ist die Verzögerung, die auch bei entschlossenem Sterben eintritt, nicht eine große Erschwernis? Wenn das Schmecken schwindet, aber das Hören schärfer wird: Wie belästigend ist das? ...?

Ja, auch das selbstbestimmte Sterben enthält Tage der körperlichen Abhängigkeit. Und am Ende ist auch das ideale Sterben nicht ideal. Doch über allem schwebt die liebende Erinnerung, der Glaube, die Hoffnung.

Sterben und Versöhnung

Irene hat geschrieben, was sie selbst unmittelbar empfunden hat, und dabei besonders an ihre Enkelin, an ihre Kinder, an ihre Freunde, aber auch an die gedacht, denen sie nicht gewogen war und mit denen sie nun versöhnt sein wollte.

Irenes Sterben zeigt daher auch, wie eng für eine überzeugte Christin Tod und Vergebung zusammenhängen. Es ist ein Prozess. Ein Prozess in der individuellen Natur, oft *contre cœur*, gegen die starke Empfindung, die sich etabliert hat. Das Sterben erleichtert, was einem im Leben durchaus schwer fiel. Die entscheidenden christlichen Bezugspunkte sind das Vergebungswort Jesu am Kreuz, aber auch das Vaterunser mit seiner Vergebungsbitte und die Bergpredigt.

Liebe kommt ohne Idealisierung aus, aber sie erhöht die Verletzlichkeit. So wussten Irene und ich, dass wir uns verletzen konnten, und waren doch nicht imstande, jedes Wort zu prüfen, ehe es trennend zwischen uns stand. Irene hat das einmal so ausgedrückt: »Ich würde gern die Worte, bevor ich sie ausspreche, zurücknehmen, aber es gelingt mir nicht.«

Also mussten wir damit umgehen, und jeder von uns hatte seine besondere Art, ja man könnte sagen, sein Ritual. Wir übten die Vergebung und Versöhnung, die wir wollten. In jedem Fall war Zeit erforderlich. Ich brauchte dafür weniger Zeit als sie. Aber das Wichtige ist, sie sich zu nehmen, sie dem anderen zu lassen. »Es ist so schön, wenn der Schmerz nachlässt.« Aber es ist auch schön, wenn man sein Entstehen verhindert, und sei es in letzter Minute. Wir haben immer wieder über Vergeben und Versöhnen gesprochen und schließlich gelacht und so gemeinsam so manche Klippe umschifft.

Weil Irene nicht so leicht und nicht so schnell vergab, muss sie umso mehr unter dem Druck dessen, was sie zur Vergebung beitragen wollte, gelitten haben. Nun, im Sterben, fand sie die Kraft und die Worte, die schon lange in ihr schlummerten. Jetzt konnte sie sie aussprechen oder diktieren. Sterben ist eine Vergebungszeit, Liebe ein Vergebungsmotiv, Leiden eine Vergebungsgelegenheit.

Schwindende Zeit ist die Antreiberin. Zugleich ist Vergebung auch eine Handlung, die das eigene Selbst beurteilt und sich selbst gegenüber fair bleiben muss. Irene, die gute, die kluge und liebenswürdige Frau, als die sie ihre Freunde und Freundinnen sahen, musste in der Vergebung noch einmal zu sich selbst finden. Und sie sah sich auch höherer Vergebung ohne Einschränkung angenommen. Denn an einen Gott des Gerichtes und der Strafen, der in ein veraltetes Welt- und Gottesbild gehört, glaubte sie so wenig wie ich. Wenn schon wir Menschen uns so lieben können, dass wir Schuldigen vergeben, um wie viel mehr vergibt der große barmherzige Vergebende - wenn man seinen souveränen Zuspruch anzunehmen vermag! Immer wieder wiederholte Irene die Beobachtung: Das Sterben erleichtert, was einem im Leben besonders schwer fällt. Am Anfang jeder Versöhnung steht die Versöhnung mit sich selbst. Sie wird durch das Gefühl des Angenommenseins ermöglicht, das aus der Liebe des Geliebten kommt und das ein Zeichen der großen unbedingten Annahme durch Gott ist.

Ein Gespräch mit Meister Eckhart über Gelassenheit

Losgelöst und überlassen an Gott

Der Umgang mit den Wechselfällen des Lebens stellt Anforderungen an uns selbst. Menschen wie Irene und ich, sogenannte Sanguiniker, sind eher spontan und leicht entzündlich. Das konnte uns schmerzen, aber wir konnten darüber im Nachhinein auch wieder lachen. Die Suche nach mehr Gelassenheit ist so gesehen für uns auch immer ein Problem des Alltags und der Veranlagung gewesen. Doch wie finden wir zur Gelassenheit in unserem Alltag? Was meinen wir, wenn wir jemanden »gelassen« nennen? Vielleicht wird der eine sagen: »Glücklich ist, wer vergisst, was doch nicht zu ändern ist.« Der andere: »Gelassenheit ist Unberührtheit von den Wechselfällen des Lebens.« Wieder ein anderer: »Es geht darum, unsere Affekte (Gemütsbewegungen und Stimmungen) zu beherrschen, unaufgeregt, gleichmütig und langmütig zu sein, ohne gleichgültig zu werden.« Ein Mensch einer jüngeren Generation würde es vielleicht nicht »gelassen«, sondern »cool« nennen.

Aber in unserer Perspektive geht es nicht um Unerregtheit, sondern um den ruhenden Pol mitten in der Erregung. Es kann nicht sein, sagt Meister Eckhart, dass man sich über falsche Töne und Aggressionen nicht erregt.[25] Wenn es aber nicht um Unaufgeregtheit geht, worum geht es dann? Wenn man nicht nur auf die Beziehung zueinander schaut, sondern die Gottesbeziehung mit einschließt, dann wandelt sich die Gelassenheit in eine innere Gelöstheit.

Diese Art der Gelassenheit erscheint in tiefer religiöser Prägung meist bei Heiligen, die sich wie Franziskus von Assisi ganz in das Leben des armen Jesus eingefügt und sich ihm gelassen überlassen haben. Franziskus war ein Aussteiger. Er führte die Armutsbewegung des 12. Jahrhunderts an. Es ist die Bewegung der Menschen, die sich schon damals dem Diktat des »Immer mehr« entziehen wollten. Bei Jesus heißt es, dass »verlassen« und sich auf eine neue Lebensweise mit ihm »einlassen« bereits in diesem Leben zum Gewinn einer neuen Familie führt. (Vgl. Mk 10,28–31) Aus der Armutsbewegung heraus wurden neue Orden gegründet, die sogenannten Bettelorden.

Ein Dominikaner aus dieser Bewegung war der bereits viel zitierte Meister Eckhart. Er hat die Botschaft des Evangeliums etwas anders ausgelegt. Fast ein Jahrhundert später, als sich die Bettelorden in den Städten eingebürgert hatten und einen Weg zur Erlösung im weltlichen Wandel und Handel unterstützten, lobte Meister Eckhart die Gelassenheit als *Überlassenheit* an Gottes Wirken mitten im »Gewerbe«, in der beanspruchenden Tätigkeit. Bei Meister Eckhart ist die Gelassenheit mitten im Wirken möglich und präsent. Als »Gewerbe« wird das lateinische *frequens ministerium* in Lk 10,39 übersetzt: »(Ihr) Licht«, so schreibt er über die tätige Martha, »war ihr Gewerbe und ihr Gewerbe war ihr Licht.«[26]

»Überlassenheit« ist also das Wort, das Irene in ihrem Tagebuch aus unserem Austausch im Gespräch über Meister Eckhart aufgreift und an die entsprechende Stelle setzt. Wer aber in diesem Sinne, also im Sinne Meister Eckharts, gelassen sein möchte, der muss »verlassen können«. Er muss, so wie es biblisch bei Jesus betont wird, »loslassen können«, d. h. sich den Besitzstrukturen des menschlichen Daseins, dem »Haben«, verweigern, aufhören, an Dingen zu haften, und er muss sich auf »etwas neu einlassen können«. Ja, er muss »sich überlassen können«. Zu dieser Art Gelassenheit ist man immer unterwegs.[27] Denn man ist immer im Aufbruch aus der eigenen Befindlichkeit. »Wo du dich findest, da lass dich.«[28]

Jede Wiederaufrichtung der eigenen Intention ist bereits von Gott angenommen. Denn »Gott ist ein Gott der Gegenwart. Er nimmt dich nicht, wie du gewesen bist, sondern wie du jetzt bist.«[29] Gelassenheit ist also keine schlichte Kontinuität des wachsenden Gleichmutes und der Abschwächung von Aufregungen und Erregungen. »Ich höre das Kreischen des Musik-Instrumentes – ich bin darüber aufgeregt«, sagt Meister Eckhart, aber das berührt nicht meine allgemeine innere Ausrichtung. Wer nicht gelassen ist, hängt an Dingen und an

Zielen, die er erreichen will. Mit ihnen intensiv verbunden sein, das ist durchaus menschlich, aber nicht, von ihnen total abzuhängen. Das »Leben ohne Worumwillen« löst das »Warum?« nicht auf, verändert aber die Einstellung dazu.[30] Auch im Zustand des Zornes und der Erregung kann man tief innen gelassen sein. Wo das Feuer am stärksten brennt, so Eckhart, ist es am ruhigsten.

Mit dieser Gelassenheit als losgelassene Überlassenheit kann ich überleben. Ich hoffe, dass der unter uns so viel besprochene Meister Eckhart Irene im neuen Leben so empfängt, wie sie es mir für den Fall meines Todes vorausgesagt hat: mit einer Einladung. Vom Tod reden heißt nicht nur zurückblicken, sondern vorausblicken.

Zwei Arten, den Tod zu überwinden

Wir Menschen haben keine Vorstellung über das Leben nach dem Tod und wir sprechen in der Regel auch nicht viel darüber. Es gibt aber unzählige Bilder vom Jenseits. Als der Katholizismus noch intensiver war und das soziale Leben stärker bestimmte, waren sie nicht nur in der Kunst präsent. Vielfältig sind die kirchlichen Vorstellungen über das Schicksal (noch) nicht getaufter verstorbener Säuglinge, über Sündenstrafen im Fegfeuer, über Höllenpein und Himmelfreude, über die neue Gemeinschaft der Glückseligen, über das Gericht und über Rettung und Verwerfung. Diese metaphorischen Gebilde, die dem alten biblischen Welt- und Kosmosbild nachgeformt sind, haben in der neuen planetarischen Welt jedoch keine Verankerung mehr. Es gibt kein Oben und kein Unten mehr, keine Zeit vor oder nach der Zeit. Meister Eckhart erkannte das bereits um 1300 und der Arzt, Theologe und Lyriker Angelus Silesius (1624-1677) fasste es prägnant zusammen: »Sieh, der Himmel ist in dir!«[31] Was also ist jenseits des Todes?

Unser Freund, der Dominikaner Jacques Pohier (1926-2007), schrieb in seinem Buch *Quand je dis Dieu* (dt. *Wenn ich Gott sage*) und später auch in *Dieu fractures*, das auf Deutsch nicht erscheinen durfte, dass Christus auferstanden sei, dies aber nicht beinhalte, dass der Mensch auferstehen werde. Der spätere Präsident der Gesellschaft für humanes Sterben in Frankreich plädierte für eine ernsthafte Auseinandersetzung mit dem Tod, ohne dem Tod den »Stachel« zu nehmen oder einen Menschen nach dem Tod gerichtlich zu behandeln.[32] Wir haben ihn in Paris gern besucht, wenn es eine Gelegenheit gab.

Ich persönlich glaube an ein Leben über den Tod hinaus, aber ohne Paradieses- oder Gerichtsvorstellungen. Ich glaube an das Erbarmen und an das Vertrauen. Es scheint mir schwierig, an einen Gott zu glauben, dessen Liebe nicht weit über die menschliche hinausreicht. Wenn ich selbst schon so umfassend liebe und geliebt werde – um wie viel stärker ist die Liebeskraft Gottes! *Ubi caritas et amor, ibi deus est* (»Wo Nächstenliebe ist und wo Beziehungsliebe ist, da ist Gott«), heißt es in der Antiphon des Gründonnerstags. Das ist eine Interpretation, die davon ausgeht, dass *caritas* und *amor* in der Tradition nicht das Gleiche bezeichnen. (Vermutlich ist es liturgisch nicht so gemeint.) Die große Schwelle des Unglaubens überschreitet für mich der Glaube an Gott, der Liebe ist. Wer aber glaubt, der hofft auch, aus der Kraft dieser Liebe gerettet zu werden.

Neues Leben als ein anderes Leben in der erfüllten Liebe zu glauben, ist mit der Überschreitung des Todes als *zeitliche* Schwelle verknüpft. Die räumlichen Vorstellungen, im »Himmel« verbunden zu sein, schwinden. Trennen wir uns zudem von materiellen und zeitlichen Vorstellungen des Todes, wie es die »Mystiker« vorschlagen, dann ist im Zustand dieser »Abgeschiedenheit« bereits der »Himmel in mir«. Zwar schaue ich in diesem Leben Gott nicht[33], denn die Einheit mit Gott, in die er mich durch seine eigene menschliche Hingabe hineinholt, ist zwar zu glauben, ja im Glauben zu wissen, aber sie ist nicht als solche zu erleben. Das dem »Himmel« zugeordnete Erlebnis des Schauens, in dem ich mich selbst als Schauender sehen und erleben kann, ist nicht konstitutiv für meine Seligkeit im »Jetzt« oder für meinen »abgelösten« Zustand im »Jetzt«, also in diesem irdischen Leben. Dennoch erzählen einige davon, mitten im Leben emporgerissen worden zu sein. »Im Leibe oder außer dem Leibe, das weiß ich nicht«, so sagt Paulus zu seinem *raptus*, zu seiner Extase in einen anderen Zustand. (Vgl. 2 Kor 12,2) Dies ist der Zustand, nach dem die frommen Menschen zur Zeit Eckharts streben. Sie nennen das den *jubilus*, die Verzückung.

Aber, so wird Eckhart häufig angegangen, »davon spüre ich doch nichts«. Eckhart sagt dazu: Es ist nicht in deiner Macht, dies zu spüren.[34] Die Mystik-begeisterten Menschen suchen ein erlebbares Ereignis, das ihren Zustand dokumentiert. Das ist nicht möglich, es sei denn als besondere Gnade, meint Eckhart. Aber: Das Erlebnis selbst garantiert diese Gnade nicht. Es kann darüber täuschen.

Also, so meine ich als Interpret Meister Eckharts, handelt sich um eine Erfahrung ohne Garantie durch das Erlebnis. Unter Umständen ist es eine Erfahrung des Nicht-Erlebens. Erfahrungen sind Deutungen von Erlebnissen. Sie wählen aus, eignen sich an, geben Erlebnissen ihren Stellenwert. Auch, dass ich nicht erlebe, was ich erhoffe und erwarte, kann zur tiefen Erfahrung werden.

Ich glaube, dieses »Nicht«, das den Entzug von Erlebnissen ausdrückt, kann eine solche Intensität haben, dass sie sogar bis in das Körpergefühl und das Kopfgefühl hineinreichen kann. Es kann also eine intensive, über den Tod bereits jetzt hinausführende Erfahrung sein. Wenn es so ist – und das denke ich und mit mir hat es auch Irene gedacht und geglaubt - dann ist der »andere Zustand« ein Zustand des Lebens. Dann ist es nicht mehr entscheidend, ob im Leben oder im Tod oder jenseits davon.

Wenn dieser Zustand nach christlicher Offenbarung die Liebe sein soll, in dem unser Leben weiter geborgen ist, dann ist die menschliche Liebe ein vorwegnehmendes Gefühl dieses Zustandes. Wenn dies im Sterben offenbarer wird, dann sind Sterben und Lieben ein transzendierender Akt des Fühlens, den ich das »Fühlen des Fühlens« genannt habe. Das Gefühl hat seinen körperlichen Ausgangspunkt: die Hand auf meiner Hand. Dieses körperliche Gefühl ist aber nun schwebend geworden. Es braucht die Hand nicht, sucht aber danach. Und nun fühle ich ganz präsent dieses Gefühl, das einmal vom ersten Fühlen ausging. Das ist gleichsam ein Gefühl dritter Ordnung. Von der Sinnenerfahrung zur Gefühlserfahrung und dann zur Erinnerung dieser Gefühlserfahrung.

Religion ist ein Gefühl, da stimme ich Schleiermacher zu; allerdings nicht, wie er sagt, »ein Gefühl schlechthinniger Abhängigkeit«, sondern ein Gefühl der Geborgenheit in der Liebe, »die alles umfängt«. Religion ist mit diesem dreifachen Fühlen verbunden, indem schon die Sinneserfahrung über sich hinaus verweist. Es entsteht ein Zugang, ein Weg und zugleich ein Rückweg - alles im »Meer des Fühlens«, das nicht durch Ertrinken beendet, sondern die Leichtigkeit des Seins körperlich erfahren lässt. So wie der Körper, der im Wasser an Gewicht verliert und dahingleiten kann.

Auf diese Weise fühle ich Irene präsent. Unser Leben schwang miteinander wie zwei vibrierende Drähte im Sinne eines der Resonanzbilder von Hartmut Rosa.[35] Diese Drähte vibrieren auch jetzt weiter miteinander. Oder anders: Das Gefühl der vibrierenden Drähte hat mich nicht verlassen. Gewiss, dies ist Fantasie, aber das Gefühl ist fantastisch.

Geschichten vom Jenseits

Irenes letzte (Un-)Gewissheiten

Die bewegende und bewegliche Beziehung zwischen Gott und der Seele spielt bei Meister Eckhart eine bedeutende Rolle. Sie wurde in der Forschung viel diskutiert. Irene hatte mir einmal vorgeschlagen, sie mit einem alten, hölzernen Paternoster-Aufzug zu vergleichen. Ein solcher Aufzug hat zwei Wendepunkte oder Wendekreise, oben und unten. Die Bewegung, die durch die Wendepunkte hindurchgeht, steht in ihnen nicht still. Der Aufzug fährt langsam, aber kontinuierlich, ohne anzuhalten. In jedem Stockwerk, an welchem der Aufzug vorbeifährt, kann man in ihn hinein- oder aus ihm herausspringen.

Dieser Vergleich macht deutlich, dass es nicht um einen Teil des Menschen, etwa um einen »Seelengrund« geht, der als solcher eine göttliche Substanz ist. Es geht auch nicht um eine Substanz in der Seele, durch die Gottes Bewegung, sein Wirken, seine »Wirklichkeit« hindurch geht. Vielmehr ist alles Bewegung. Gottes Dasein ist *in continuo fluxu,* im ständigen Hindurchfließen.

Irene und ich sind davon überzeugt, dass sich diese Beziehung als permanenter Durchfluss auf die Beziehung von Lebenden und Toten übertragen lässt. Wir glauben an Gottes Wirken als fließende Wirklichkeit. Es geht dabei um ein »Jetzt«, um eine punktuelle und zugleich permanent abrufbare Präsenz. In dem Augenblick, indem ich mich der Bewegung Gottes zuwende, durchfährt sie mich. In dem Augenblick, in dem ich mich dem Gefühl unserer Liebe zuwende, ist sie präsent. Wenn ich die Zuwendung in Worte fasse oder hinterfrage, höre ich bereits die Antwort. Ich wundere mich nicht mehr über die Gespräche, die ein Mann in traditionellen Western-Filmen am Grabe seiner Frau mit ihr führt.

Diese Szenen verbildlichen das Im-Gespräch-Sein der Ehe-leute auch über den Tod eines Partners hinaus. Das ist meine Sache nicht: Das Grab ist für mich ein wichtiger, kleiner Garten der Erinnerung. Jedoch bedarf es für mich persönlich nicht der Präsenz am Grab, um das geglaubte, ungebrochene Miteinander abrufbar zu machen.

Dies enthält das Risiko des Glaubens an das Licht in der finsteren Nacht, das in der Mystik zum Ausdruck gebracht wird. »Morgenstern der finstern Nacht«. Diese Zeilen sind so von Dionysius (7. Jh.) über Meister Eckhart bei Angelus Silesius und mit ihm in unserem Gotteslob gelandet. Den Morgenstern kann man in der absolut finsteren Nacht ja nicht sehen. Also kann man das Licht lediglich erahnen oder fühlen. Aber wie kann man Licht, das sich nicht als Licht zeigt, spüren? Nach Meister Eckhart gelingt das, indem die Erfahrung des Tageslichtes, die jeder machen kann, nach-klingt. Aber nicht als eigentliches Licht, sondern als in der Nacht vom Sonnenlicht geerbte und noch weiter ausstrahlende Wärme.[36] Diese Wärme des Gefühls, so lege ich es aus, ist aus dem Licht der Erinnerung in der Nacht des Todes geblieben und sie weist von sich weg auf einen strahlenden Tag. Deshalb haben Irene und ich das Lied des Angelus Silesius gern gehört und gesungen. Besonders berührt hat uns immer die bereits erwähnte Zeile »Schau, dein Himmel ist in mir«.

Diese Umkehr der Perspektive, *aus* Gott zu denken und nicht Gott zu erdenken oder Gott auf ein religiöses Bedürf-nis zurückzuführen, ist einer modernen Welt unvertraut, die nach dem Tode Gottes, d. h. nach dem historischen Ver-lust der Selbstverständlichkeit des Gottesglaubens, lebt und Gott noch am stärksten dort denkt, wo sie ihn noch anklagt, vor allem in der Theodizeefrage als dem »Felsen des Atheismus«[37], oder aber Gott schmerzhaft als Verlust erlebt wie Aldous Huxley, der negative Utopist der »Schönen Neuen Welt«[38].

Für heutige Gottsucher – auch unter ihnen gibt es Anwälte der Gottesanklage oder der leidenden Gotteserinnerung – steht anderes im Vordergrund: der Wechsel von Überfluss und Entzug. Von taghellem Licht und tiefer Dunkelheit. Diese Erfahrung ist für Liebende sehr charakteristisch.[39] Es geht aber dabei nicht um Gott als Gegenstand der Liebe, Gottesliebe gleichsam als *genetivus objectivus*, als Liebe *zu* Gott, sondern um Gott als Quell der Liebe, als *genetivus subjectivus*. Es geht *um die Liebe aus Gott heraus,* um eine Erfahrung, die, wie Augustinus sagt, aus Gott die Liebe in sich schöpft und sie wiederum weitergibt, ausschüttet.[40] Aus Gott lieben ist die eigentliche Gottesliebe, nicht eine Liebe zu Gott, die eher eine Dankbarkeit ausdrückt.

Unsere erlernte Glaubenssprache, von der lebendigen Bibelsprache befruchtet, stellt uns diese Möglichkeiten des Schöpfens immer wieder bereit. Diese Erfahrung ist nicht neu. Meister Eckhart hat sich einmal die Frage gestellt: Woran liegt es, dass die Menschen sich nicht auf die Suche machen, woran liegt es, dass sie so träge zurückbleiben hinter den Möglichkeiten, die tatsächlich gegeben sind? Er gibt die folgende Antwort: »Wenn ein Mensch etwas sucht und davon kein Zeichen hat, dass das Ding da ist, das er sucht, so suchet der Mensch mit Trägheit und Unlust. Sobald aber der Mensch ein Anzeichen des Dinges findet, das er suchet, so suchet er mit Freuden und ernsthaft und umsichtig. Es ist genauso, wie wenn ein Mensch ein Feuer sucht, wenn er dann irgendwo Wärme empfindet, dann wird er froh und sucht das Feuer ernsthaft und mit Freuden. So ist es mit den Leuten, die alle Gott suchen sollten: keiner von ihnen hat göttliche Süßigkeit empfunden und darum sind sie träge. Wer aber in dieser Süßigkeit ein wenig nur stünde, der würde mit Freuden ein Gottessucher werden.«⁴¹

Offensichtlich geht es darum, gleichsam einen Anfang dieses Weges zu finden. Wir alle haben einen solchen Anfang. Vielleicht sind wir schon so weit auf diesem Weg vorangeschritten, dass Gott in unserem Leben so etwas wie einen Rückhalt oder eine Therapie unserer schlechten Situationen darstellt. Es mag aber auch sein, dass trotz dieser Anfänge, die wir in uns tragen, von einer Begegnung mit Gott nur wenig zu spüren ist. Vielleicht liegt es daran, dass wir im Alltag gar nicht so besonders daran interessiert sind, mehr von Gott zu erfahren. Vielleicht befürchten wir, dass das, was da erfahrbar sein könnte, ein wirklicher Störfaktor wäre, ein erheblicher Einbruch in unser Leben. Dass das, was uns auf unserer Suche begegnet, eben nicht jene leichte Wärme wäre, in der wir uns alltäglich im Glauben sicher und wohl fühlen können, sondern ein gewalttätiger Akt, der unser Leben umwerfen könnte. Und vielleicht ist gerade dies der Punkt, vor dem wir haltmachen.

Dabei ist das Außerordentliche so alltäglich, dass das Alltägliche außerordentlich wird. Vielleicht finden wir die Antwort, ebenso wie die Entfaltung der Frage, in der dichterischen Metapher von Botho Strauß: »Gott ist von allem, was wir sind, wir ewig Anfangende, der vorletzte Schluss, das offene Ende, durch das wir denken und atmen können.«⁴²

Eine tägliche Auferstehung

In der christlichen Tradition wurde bevorzugt die *ars moriendi*, die Kunst des Sterbens, als ein Höhepunkt der Spiritualität dargestellt. Meister Eckhart hat sich mit der *ars moriendi* nur indirekt beschäftigt. Ihm ging es dabei um die existenzielle Erkenntnis der notwendigen inneren Loslösung von dem, was nicht nötig ist: Güter, Erfolge, Ehren, Freiheit von Leid, Einschränkungen, ja sogar von einer Voranstellung des eigenen Ich. Die positive Seite hingegen ist bei ihm stärker entwickelt. Es geht Meister Eckhart darum, der Lebendigkeit des Lebens so nahe zu sein wie ein junges Pferd, das sich im grünen Gras des Frühlings austobt. Das Leben intensiv zu erleben gehört für ihn zur Erkenntnis. In dieser Erkenntnis nimmt der Mensch am Göttlichen teil. Sein, Erkennen und Leben bilden ein Dreieck. Leben spiegelt den Heiligen Geist, die Bewegung, die den eigentlichen Lebensausdruck bildet. In Analogie zur *ars moriendi* könnte man dies die *ars vivificandi*, die Kunst der Verlebendigung nennen.

Die »Auferstehung« ist gleichsam jeden Tag mit Händen zu greifen. Sie ist der Rhythmus der Bewegungen, die aus dem Schlaf und dem Stillstand herausführen. Diese Dynamik sollte in das Bewusstsein von dem, was wirkt, also der »Wirklichkeit« übergehen. Es sollte zu einer »Bildung« werden, die sich zugleich von üblichen Gewohnheiten »entbildet«. Wenn wir das »fröhliche Fasten« erfahren, bei dem wir durch die scheinbaren Einschränkungen, durch das Nicht-Nötige hindurch eine größere Leichtigkeit gewinnen, bekommen wir eine Ahnung von dem, was mit der Kunst der Verlebendigung oder mit der täglichen Auferstehung gemeint sein kann. Irenes bevorzugtes Gedicht von Marie Luise Kaschnitz (1901-1974) bringt dies poetisch zum Ausdruck:

Auferstehung

Manchmal stehen wir auf
Stehen wir zur Auferstehung auf
Mitten am Tage
Mit unserem lebendigen Haar
Mit unserer atmenden Haut.

Nur das Gewohnte ist um uns.
Keine Fata Morgana von Palmen
Mit weidenden Löwen
Und sanften Wölfen.

Die Weckuhren hören nicht auf zu ticken
Ihre Leuchtzeiger löschen nicht aus.

Und dennoch leicht
Und dennoch unverwundbar
Geordnet
in geheimnisvolle Ordnung
Vorweggenommen in ein Haus aus Licht.

Marie Luise Kaschnitz macht darauf aufmerksam, dass es sich bei der Auferstehung um nichts Ungewöhnliches handelt. Es geht nicht um fantastische Trugbilder. Auch die Zeit läuft weiter. Und dennoch: Wir werden »in eine geheimnisvolle Ordnung geordnet« und »vorweggenommen in ein Haus aus Licht«. Diese Vorwegnahme eines Vollendungsgefühls mitten in der vergänglichen Zeit ist ein »Jetzt« der Auferstehung im Unterschied zu einer erwarteten zeitähnlichen Auferstehung nach dem Tod, die mit Änderungsvorstellungen verbunden ist (z. B. ein neues Reich Gottes). Sie verringert die Differenz zwischen »Jetzt« und dem »Ende mit neuer Existenz«, die oft den Glauben beherrscht und ihm damit die Möglichkeit nimmt, mitten im Leben die Auferstehung zu erfahren. Es ist dieses »Schon« des Gottesreiches, von dem Jesus sagt, es »sei mitten unter uns«. Gern wird dieses bereits angebrochene Gottesreich auf die zeitliche Präsenz der Person Jesu beschränkt, aber diese Präsenz, so sagt er ausdrücklich im Johannesevangelium, bleibt in der Präsenz des Geistes Gottes, die nicht aufhört. Kaschnitz vermag dies in lyrischer Sprache präsent zu machen. Irene liebte es in der lyrischen Form. Ich liebe es in der gedanklichen Ausformulierung. Beide waren wir miteinander darüber im Einklang.

Die Leichtigkeit der Liebe

Liebe ist leicht - in zweifacher Weise: Vieles wird leicht, wenn man liebt - auch wenn es nicht immer leicht ist. Und Liebe lehrt Fliegen trotz aller Erdenschwere.

Wenn man liebt, ist es ein Leichtes, dem anderen Gutes zu tun, ihm gut zu sein, aus den Anfällen der Bosheit wieder herauszukommen, Verletzungen nicht zu schwer nehmen. Alles wird leicht, wenn man liebt. Liebe ist auch witzig. Gemeinsam Lachmuster und Lachmuskeln entwickeln gehört dazu. Irene schreibt in ihr Büchlein: »Ihr dürft auch lachen!« Lust hat stets auch mit lustig zu tun. »Lustig« ist das Gegenstück zur Beschwernis. »Lustig« entspannt, wenn wir uns gegenseitig zu schwer werden. Humor verwandelt Schwere in Leichtigkeit. Alles Gute wird mit Flügeln der Erinnerung ausgestattet. So kann die Erinnerung ausfliegen, wie ein Vogel. Sie kann aber auch dann und wann zurückkehren, sich auf unsere Schulter setzen, uns leis ins Ohr flüstern und unseren Verstand und unser Herz beraten.

Liebe lehrt auch uns das Fliegen trotz aller Erdenschwere. Liebe lebt mit dem Altern, aber sie versucht, nicht zu altern. Alter, Körper und Materie verwandeln sich in Metaphern, die Poesie, sei sie noch so ungelenk, blüht. Das Spiel der Poesie muss nicht alles tragen, aber es kann immer wieder neu gespielt werden. Der Körper holt Atem aus der Seele. An die Stelle des gelegentlichen Nichts-Tuns tritt das Nicht-Tun, das Unterlassen als Form der Gelassenheit. Vertrauen, Verlässlichkeit, Wiederholung des Gewohnten und Guten.

Vor dem Absturz bewahrt ein Seil. Ist es allein das Seil der Romantik, wird es auf Dauer nicht sicher halten. Anders ist es, wenn es das Seil des Glaubens ist. Wir sind anfällig für Fehler und können aus uns selbst heraus nicht alles garantieren. Aber selbst eine Bruchlandung wäre im Glauben kein Scheitern.

Die Leichtigkeit der Liebe – die erfahrene, die geschenkte Leichtigkeit – lässt uns das Fliegen üben für das Jenseits. Denn dieses Jenseits ist ja schon da. Die Metapher fliegt und kehrt als Zusage zurück: Jenseits ist Diesseits, weil das Diesseits vom Jenseits mitbestimmt wird. Das ist Liebe im Glauben.

Sterben ist eine tiefe Veränderung, wer will das bestreiten? Sie ist gestorben, aber sie lebt – nur poetisch, oder metaphorisch? Ein Mann, der seine Freundin verloren hat, hat ihre Stimme digitalisiert, und er spricht nun mit ihr und hört sie reden, programmiert wie die Dame, die man auf dem Navigationsgerät hört, aber mit der gewohnten, individuellen Stimme. Auch ohne solche akustischen Lösungen höre ich die Stimme der gestorbenen Irene als Einspruch und als Zuspruch. Nimmt man dies als Verbindung durch Einbildung, dann bleibt alles beim Alten. Es gibt nicht das absolut Neue. Aber dieses Neue können wir nicht mit unseren durch Sinnlichkeit und Körperlichkeit zum Abflug gebrachten Metaphern ausdrücken. »Kein Auge sieht es, kein Ohr hört es.« (1 Kor 2,9) Wir behelfen uns im Glauben mit der Steigerung des Glücks - es kann ja nicht weniger sein. Das, was intensiv und im Vorübergang erfahren wurde - und nicht einmal von jedem oder von allen - das wird nun extensiv für alle und für jeden zugleich.

Leben und Lieben haben nicht nur den Anfangsbuchstaben gemeinsam. Konzentriert sich das Leben im Lieben, zieht die Liebe sich im Leben fruchtbar auseinander, grenzt nicht ab, sondern schließt ein. Irene und ich durften dies erfahren. Auf jeden Fall nicht weniger! Da war dieses intensive Gefühl, das ansatzweise auch der Song von Leonard Cohen bei uns hervorrief. Das Gefühl der Berührung. Und da war immer wieder unsere religiöse Hoffnung: Gott kann nicht weniger sein als unsere Liebe, er muss mindestens mit ihr weiter Schritt halten können.

Die Intensität der Liebe nimmt im Glauben das Reich Gottes vorweg. Das Reich Gottes ist die Ausbreitung der Leichtigkeit der Liebe ohne Verlust der Intensität. Dafür gibt es keine Vorstellungen, aber intensive Hoffnungen. Der Glaube, den wir so in eine Gefühlssprache übersetzen, bleibt in der Schwebe. Er ist kein Standbild, er schwingt und fliegt. Ich will nur mitschwingen und mitfliegen.

Nachwort

Als ich einem gemeinsamen Freund von meinem Plan erzählte, dieses Buch mit Irene zusammen zu schreiben, sagte er zu mir: Wenn du das tun willst, musst du aufhören, zu objektivieren, d. h. immer das, was du sagst, umsichtig gegen mögliche Einwände abzusichern. Denn dann wirst du nicht deutlich genug. Du musst auf das Objektivieren verzichten und das wird dir schwerfallen.

So möchte ich insbesondere unserer Lektorin, Frau Sarah Christ, herzlich danken. Ihre engagierte Mithilfe ermöglichte die Gestaltung und Präsentation des Buches. Sie hat die gelieferten Texte verschlankt, geordnet und mit großer Sorgfalt redigiert. Ohne sie wäre es nicht gelungen, Gedanken und Gefühle, die sich wechselseitig kreuzen, in die vorliegende Form zu bringen.

Denn in der Tat, es ist mir schwergefallen und vermutlich auch nicht ganz gelungen. Man spürt das an den Ansprüchen der Wissenschaft geformte Bemühen, objektiv zu bleiben. Alles Subjektive in objektive Formen zu gießen, ist, zumal bei einem Ethiker, eine leicht nachvollziehbare Voraussetzung. Als Resultat der Objektivierung sind zwar auch Pointen möglich, die das Selbstbewusstsein einer gelungenen Beweisführung ausdrücken, aber dahinter verschwindet das angreifbare Wesen eines Individuums mit seinen Fehlern, Schwächen und Unsicherheiten. Wenn ich der Objektivierung entkommen wollte, nahm ich gelegentlich Zuflucht zu lyrischen Ausdrucksweisen. Diese Zuflucht eröffnete sich mir vor allem in meiner Studienzeit als Germanist, wo ich vielfach mit solchen Texten beschäftigt wurde. Das färbte ab und ermöglichte es mir am Anfang unserer Beziehung, angesichts der Alters- und Studienspanne auch den Hang zu belehren zu mildern. Im Lauf unserer Beziehung kehrte sich dieses Verhältnis ohnehin um. Das hat mir zugesagt, mich verändert, und ich trauere darum, diesen Zuspruch nur noch in der lebendigen Erinnerung zu erfahren. Erinnerung ist mehr als ein Gedächtnis des Vergangenen. Sie ist gegenwärtig und trägt das Leben auf eine neue Weise in sich, das Leben, an das wir beide glauben.

Nach Irenes Tod habe ich ein Jahr lang keine CD mehr gehört - es gehörte zu ihr, sie für mich aufzulegen und mich zu fragen, was ich hören wolle. Ich musste mich bewusst von der Einstellung lösen, ohne diesen Dienst kein Interesse mehr für Musik zu haben. Der verlorene Dual warf mich auf mich, auf meine Einzelheit zurück. Ich musste für mich ergänzen, was für mich besorgt und womit ich so lange Zeit umsorgt worden war. Und ich musste wieder neuen Mut fassen, mich dem Gefühl zu stellen, das ich fühlte, wenn ich bestimmte Musik höre.

In einigen Kraftakten habe ich unser Haus verkauft und verlassen. Ich wohne jetzt in einer Dreizimmerwohnung in einer anderen Stadt in der Nähe meiner Tochter und meiner Enkelin. Wenn ich aus den Fenstern auf die rot werdenden Beeren der Ebereschen in einem gepflegten Garten schaue, einen, den ich nicht mehr selbst betreuen muss, wenn ich zudem weiter in dem von uns geschaffenen Ambiente lebe, also mit dem gewohnten Raumgefühl, so fühle ich Irenes intensive Gegenwart. Ich sehe sie, wie sie mir von ihren Bildern zulächelt, und meine, manchmal ihre vertraute Altstimme zu hören.

Meine Liebe zu Irene scheint oft durch die Membran vieler Metaphern hindurch, auch wenn manche Zeile nicht gleich zu brennen beginnt. Ich habe über Zärtlichkeit (*Die Kunst zärtlich zu sein,* 1983) geschrieben. Auch da habe ich mich literarischer Texte bedient, ebenso wie in dem Buch *Das gläserne Glück der Liebe* (1992). Diese Bücher schrieb aber noch Irene im Geiste mit. So fehlt sie mir auch in dieser Hinsicht, um mir die Feder zu führen.

Über Irene Mieth

Biografie

7. September 1943	Irene Maria Lehnert wird in Hüttersdorf/Saar (an der Prims) geboren.
1949-1955	Besuch der dortigen Grundschule
1955-1963	Besuch des Neusprachlichen Gymnasiums in Dillingen/Saar; Abitur 1963
1960-1964	Gründung und Leitung einer katholischen Pfadfinderinnengruppe in Hüttersdorf auf Irenes Initiative
1963-1969	Studium der Fächer Deutsch und Religion in Saarbrücken und Würzburg; Staatsexamen 1969
1966-1968	Wissenschaftliche Hilfskraft in Würzburg bei Prof. Reble (Religionspädagogik)
Weihnachten 1967	Verlobung mit Dietmar in Hüttersdorf und in Beckingen/Saar
22. August 1968	Heirat in Hüttersdorf mit dörflichem Pomp; Hochzeitsreise nach Florenz, Ravenna, Venedig
1. Oktober 1968	Umzug von Würzburg nach Tübingen
1969-1971	Referendariat in Tübingen und Reutlingen
1971-1974	Deutsch- und Religionslehrerin am Wildermuth-Gymnasium in Tübingen 1972 Geburt der Tochter
1974	Umzug nach Düdingen bei Fribourg/Schweiz
1974-1981	Mitarbeiterin am »Zielfelderplan« für den Katholischen Religionsunterricht: mehrere Bücher für Schüler und Lehrer der Klassen 5-10 (Kösel Verlag)

1978	Geburt des Sohnes
1978-1979	Religionslehrerin am Collège St. Croix, Fribourg
1978-1980	Wissenschaftliche Mitarbeiterin am Projekt der Deutschen Forschungsgemeinschaft und des Schweizer Nationalfonds »Ethik im Religionsunterricht
1. Oktober 1981	Umzug nach Neustetten-Remmingsheim bei Tübingen
1982-2006	Studienrätin, dann Oberstudienrätin und Frauenbeauftragte am Wildermuth-Gymnasium in Tübingen
1981-2016	Ehrenamtliche Mitwirkung in der Diakonie in Remmingsheim, Sprachunterricht für Russland-Deutsche und Flüchtlinge, Hilfe im Alters- und Pflegeheim
1983	Früher Tod des Vaters
1993-1995	Häusliche Pflege der dementen Mutter
2005	Geburt der Enkelin
2006	Pensionierung
2009-2016	Ein Zimmer in Erfurt ermöglicht uns, uns und die Stadt noch einmal ganz anders zu erleben und neue Freunde zu finden.

Veröffentlichungen (Auszug)

— *Genügt es nicht, ein guter Mensch zu sein, warum sind wir Christen?*, in: Religionspädagogik an berufsbildenden Schulen 6 (1972).

— *Kannst du auch schon beten?*, in: Katechetische Blätter 11 (1979).

— Irene und Dietmar Mieth, *Warum hat Gott Jesus nicht vom*

Kreuz geholt? Stammelnde Antworten auf forsche Kinderfragen
(Sonderdruck ohne Angabe) 1979, Illustrierter Beitrag.

— *Beitrag zum Forschungsprojekt »Ethik im Religionsunterricht«:*
Ethisch relevante Themenfelder aus dem Zielfelderplan und ihre
Realisierung in Schulbüchern, Schlussbericht, Ms. 77 Seiten,
Fribourg 1980.

— *Katechese in der Küche. Kinderfragen verlangen Antwort*, Mainz
1979. Es folgen mehrere Auflagen, Übersetzungen ins Nieder-
ländische (1981) und Italienische (1990), sowie eine Taschen-
buchausgabe mit einem Vorwort von D. Mieth und einem
Nachwort von J. Brantschen, Mainz 1989 (2. Aufl. 1993).

— Irene und Dietmar Mieth, *Zärtlichkeit in der Erziehung. Mit*
dem Körper sprechen, in: Welt des Kindes 1 (1982).

— *Es hätte so schön sein können. Mit Kindern Weihnachten in der*
Familie feiern, in: Welt des Kindes 6 (1983).

— *Mein erstes Buch von Jesus*, mit Bildern v. M. Riedel, Düsseldorf
1981 (3. Aufl. 1988); Übersetzungen ins Französische (1981)
und Spanische (1982).

— *Beten - was habe ich davon? Kinder erzählen Gott von ihren Er-*
lebnissen, in: J. Hoeren/M. Müssle (Hg.), Miteinander glauben
lernen. Impulse für Eltern und Erzieher, Mainz 1982, 59-73.

— Irene und Dietmar Mieth, *»Allein im Eisverhau«. Psalmen fin-*
den in Gedichten, in: G. Bitter/N. Mette (Hg.), Leben mit Psalmen. Entdeckungen und Vermittlungen, München 1983, 53-61.

— Irene und Dietmar Mieth, *Schwangerschaftsabbruch. Die Her-*
ausforderung und die Alternativen, Freiburg i. Br. 1991.

— *Hält er das Flugzeug jetzt an einem Seil? Mit Kindern nach Gott*
fragen, Neubearb., Ostfildern 2008.

Neben diesen Werken und ihren zahlreichen Beiträgen in Fach-
zeitschriften verfasste Irene Mieth auch Rezensionen und Rund-
funkbeiträge vor allem für den Norddeutschen Rundfunk sowie
für den Südwestfunk.

Anmerkungen

1 M. Kundera, *Die Identität*, München 1998, Kap. 21, Abs. 1. Vgl. dazu auch D. Mieth, *Identität - wie wird sie erzählt?*, in: Ders. (Hg.), Erzählen und Moral. Narrativität im Spannungsfeld von Ethik und Ästhetik, Tübingen 2000, 67-82.

2 M. Kundera, *Die Identität*, Kap. 21, Abs. 6.

3 »Seht, ich enthülle euch ein Geheimnis: Wir werden zwar nicht alle entschlafen, wohl aber werden wir alle verwandelt werden und zwar plötzlich, in einem Augenblick, beim Schall der letzten Posaune; die Posaune wird nämlich erschallen und die Toten werden in Unvergänglichkeit auferweckt werden und wir werden verwandelt werden.« (1 Kor 15,51-52)

4 Vgl. A. de Saint-Exupéry, *Der kleine Prinz*, Düsseldorf 49. Aufl. 1995, 72.

5 Vgl. P. Ricœur, *Das Selbst als ein Anderer. Übergänge*, München 1996.

6 W. Szymborska, *Deshalb leben wir. Gedichte*, übers. v. K. Dedecius, Frankfurt a. M. 5. Aufl. 1997, 179f.

7 Vgl. D. Mieth, *Gottesliebe - Menschenliebe. Der Beitrag der Mystik zur Kunst des Liebens*, in: W. Böhme (Hg.), Liebe - stark wie der Tod (=Herrenalber Texte 55), Karlsruhe 1984, 33-49; auch in: Zeitwende 55 (1984) 203-219; Ders., *Liebe - von der Anerkennung zur Annahme zur Einheit*, in: Lieben, Provokationen, Salzburger Hochschulwochen 2008, hg. v. G. M. Hoff, Innsbruck/Wien 2008, 124-148; Ders., *Ehe als Entwurf. Zur Lebensform der Liebe*, Mainz 1984.

8 Meister Eckhart, *Das Buch der göttlichen Tröstung*, DW V, 30,16-18.

9 Vgl. dazu H. Rosa, *Resonanz. Eine Soziologie der Weltbeziehung*, Frankfurt a. M. 2017, 341-353. Rosa spricht von der Resonanz im »Familienhafen« und verweist auf E. Illouz, *Warum Liebe weh tut. Eine soziologische Erklärung*, Berlin 2012. Hier in unsrem Buch geht es freilich nicht um den »Verlust einer religiös fundierten großen Ordnung des Daseins«, so dass für uns die Liebe nicht die letzte Quelle *existenzieller Transzendenz* ist (Rosa 346, Illouz 22).

Im Gegenteil: Existenzielle Transzendenz der Liebe hängt von einer religiösen Fundierung ab.

10 Vgl. D. Mieth, *Im Wirken schauen, Die Einheit von vita activa und vita contemplativa bei Meister Eckhart und Johannes Tauler*, durchgesehener Neudruck der Diss. v. 1969 mit Ergänzungen, Darmstadt 2018.

11 Vgl. H. Rombach, *Entscheidung*, in: Handbuch Philosophischer Grundbegriffe, Bd. 2, München 1973, 361-373.

12 Vgl. Meister Eckhart, *Einheit mit Gott*, hg. u. übers. v. D. Mieth, Ostfildern 2014, 193.

13 Meister Eckhart, *Kommentar zum Johannesevangelium*, in: LW III, 8, 8f.

14 »Suffering is a specific state of severe distress induced by the loss of integrity, intactness, cohesiveness, or wholeness of the person, or by a threat that the person believes will result in the dissolution of his or her integrity. Suffering will continue until integrity is restored or the threat is gone. Suffering is always individual because it can arise in relation to any aspect of a person. And persons are necessarily unique and particular.« E. J. Cassell, *Pain and suffering*, in: W. T. Reich (Hg.), Encyclopedia of bioethics, New York 2. Aufl. 1995, 1897-1904; übers. v. D. Mieth.

15 Vgl. J. Brantschen, *Warum gibt es Leid? Die große Frage an Gott*, Freiburg i. Br. 2009. Das vom Autor geschenkte Exemplar trägt die handschriftliche Widmung »Für Irene«.

16 Meister Eckhart, *Von Abgeschiedenheit*, in: DW V, 433,1f.

17 Vgl. Meister Eckhart, *Buch der göttlichen Tröstung*, in: DW I, 45,14-16; ders., *Deutsche Predigt* n. 59, in: DW II, 630,4-9; ders., *Deutsche Predigt* n. 76, in: DW III, 326.

18 Vgl. D. Sölle, *Leiden*, München 7. Aufl. 1987.

19 Vgl. M. Arndt, »Leiden«, in: *Historisches Wörterbuch der Philosophie*, Bd. 5, Darmstadt 1980, 206-213; G. Höver, »Leid/Leiden/Leidensverminderung«, in: *Lexikon der Bioethik*, hg. v. W. Korff u. a., Bd. 2, Gütersloh 1998, 585-592.

20 Vgl. D. Mieth, *Grenzenlose Selbstbestimmung? Der Wille und die Würde Sterbender*, Düsseldorf 2008.

21 Vgl. O. Ludwig, *Zwischen Himmel und Erde*, Frankfurt a. M. 1856.

22 Vgl. A. Gewirth, *The Community of Right*, Chicago 1996, 75ff.

23 Vgl. zuletzt: D. Mieth, *Gewissen*, in: C. Büchner/G. Spallek (Hg.), Auf den Punkt gebracht. Grundbegriffe der Theologie, Ostfildern 2017, 77-90.

24 Vgl. D. Birnbacher, *Tun und Unterlassen*, Stuttgart 2015.

25 Vgl. Meister Eckhart, *Deutsche Predigt* n. 86, in: DW III, 491f.

26 Ebd. 486,2; vgl. dazu auch D. Mieth, *Im Wirken schauen*, a. a. O.; Ders., *Der Aufstieg des »Gewerbes«. Eckhart, Luther und Max Weber*, erscheint in: V. Leppin / F. Löser (Hg.) Meister Eckhart und Martin Luther (Jahrbuch der Meister Eckhart Gesellschaft Bd. 13), Stuttgart 2019.

27 Vgl. D. Mieth, *Gelassenheit*, in: Erbe und Auftrag 90 (2014) 246–255; ders., *Christus, das Soziale im Menschen*, Düsseldorf 1972; auch E. Fromm, *Haben oder Sein?* verweist auf dieses Buch als seine Quelle für aktuelle Texterschließungen zu Meister Eckhart.

28 Meister Eckhart, *Reden der Unterscheidung*, in: DW V, 196,4.

29 Vgl. Meister Eckhart, *Reden der Unterscheidung*, in: DW V, 234,5-7.

30 Vgl. K. H. Witte, *Meister Eckhart, Leben aus dem Grund des Lebens*, Freiburg i. Br. 2013.

31 »Morgensstern der finstren Nacht«, 2. Strophe

32 Vgl. J. Pohier, *La mort opportune*, Paris 1998.

33 Vgl. Meister Eckhart, *Predigt »Vom edlen Menschen«*, in: DW V, 116f.

34 Vgl. Meister Eckhart, *Deutsche Predigt* n. 103, in: DW IV, 486.

35 Vgl. H. Rosa, *Resonanz*, 283ff.

36 Vgl. Meister Eckhart, *Deutsche Predigt* n. 41, in: DW II, 294.

37 Vgl. B. Gesang, *Angeklagt: Gott. Über den Versuch, vom Leiden der Welt auf die Wahrheit des Atheismus zu schließen*, Tübingen 1997.

38 Vgl. A. Huxley, *Gott ist*, Bern / München 1993 (Eine Übersetzung von »Huxley and God«, San Francisco 1992).

39 Vgl. W. Haug, *Grundformen religiöser Erfahrung als epochale Positionen*, in: Ders. / D. Mieth (Hg.), Religiöse Erfahrung, München 1992, 75-108.

40 Vgl. D. Mieth, *Gottesliebe - Menschenliebe*, 33-49.

41 Meister Eckhart, *Meister Eckhart*, hg. v. F. Pfeiffer (1857), Neudruck Aalen 1967, 609f.

42 B. Strauß, *Paare, Passanten*, München 1981, 178.

Nachweise

S. 122: »In Deine Hände lege ich mein Leben«, aus: Anton Rotzetter, *Gott, der mich atmen lässt. Gebete*, überarbeitete Neuausgabe Freiburg i. Br. 2016, S. 52. © Verlag Herder GmbH, Freiburg im Breisgau 1985

S. 145: Marie Luise Kaschnitz, *Seid nicht so sicher. Geschichten, Gedichte, Gedanken*, Gütersloh 1979, 7. © MLK Erbengemeinschaft Berlin/München

Bibliografie

Arndt, Martin, »Leiden«, in: *Historisches Wörterbuch der Philosophie*, Bd. 5, Darmstadt 1980, 206-213.

Birnbacher, Dieter, *Tun und Unterlassen*, Stuttgart 2015.

Brantschen, Johannes, *Warum gibt es Leid? Die große Frage an Gott*, Freiburg i. Br. 2009.

Cassell, Eric. J., *Pain and suffering*, in: Warren T. Reich (Hg.), Encyclopedia of bioethics, New York 2. Aufl. 1995, 1897-1904.

Gesang, Bernward, *Angeklagt: Gott. Über den Versuch, vom Leiden der Welt auf die Wahrheit des Atheismus zu schließen*, Tübingen 1997.

Gewirth, Alan, *The Community of Right*, Chicago 1996.

Haug, Walter, *Grundformen religiöser Erfahrung als epochale Positionen*, in: Ders./D. Mieth (Hg.), Religiöse Erfahrung, München 1992, 75-108.

Höver, Gerhard, »Leid/Leiden/Leidensverminderung«, in: *Lexikon der Bioethik*, Wilhelm Korff u. a. (Hg.), Bd. 2, Gütersloh 1998, 585-592.

Huxley, Aldous, *Gott ist*, Bern/München 1993 (Übersetzung von *Huxley and God*, San Francisco 1992).

Illouz, Eva, *Warum Liebe weh tut. Eine soziologische Erklärung*, Berlin 2012.

Kundera, Milan, *Die Identität*, München 1998.

Ludwig, Otto, *Zwischen Himmel und Erde*, Erstveröffentlichung Frankfurt a. M. 1856.

Meister Eckhart, *Die Deutschen Werke* (zit. DW mit Bandnummer, Seitenzahl, Zeile), hg. im Auftrage der Deutschen Forschungsgemeinschaft, Stuttgart 1958 ff.;

Bde. I-III und V hg. u. übers. v. Josef Quint;

Bde. IV/1-2 hg. u. übers. v. Georg Steer.

- *Die Lateinischen Werke* (zit. LW I-V mit Bandnummer, Textnummer, Seitenzahl), Stuttgart 1936 ff.;

Bde. I-III, hg. v. Ernst Benz/Karl Christ/Bruno Decker u. a.;

Bd. IV und V hg. v. Loris Sturlese.

- *Werke in Auswahl* (zitiert EW mit Bandnummer);

Bd. I: Texte und Übersetzungen nach DW, hg. u. kommentiert v. Niklaus Largier;

Bd. II: Texte und Übersetzungen nach DW und LW, Frankfurt a. M. 1993.

- *Meister Eckhart*, hg. v. Franz Pfeiffer, 1. Aufl. 1857, Neudruck: Aalen 1967.

- *Einheit mit Gott. Die bedeutendsten Schriften zur Mystik*, Auswahl in Übersetzungen, hg. v. Dietmar Mieth, mehrere Auflagen: zuerst Olten 1979, zuletzt Düsseldorf 2008, erw. u. überarb. Neuausgabe Ostfildern 2014.

Mieth, Dietmar, *Christus, das Soziale im Menschen*, Düsseldorf 1972.

- *Die Kunst, zärtlich zu sein. Wege zur Sensibilität*, Freiburg i. Br. 1983.

- *Ehe als Entwurf. Zur Lebensform der Liebe*, Mainz 1984.

- *Gottesliebe - Menschenliebe. Der Beitrag der Mystik zur Kunst des Liebens*, in: Wolfgang Böhme (Hg.), Liebe - stark wie der Tod (= Herrenalber Texte 55), Karlsruhe 1984, 33-49; auch in: Zeitwende 55 (1984) 203-219.

- *Das gläserne Glück der Liebe*, Freiburg i. Br. 1992.

- *Erzählen und Moral. Narrativität im Spannungsfeld von Ethik und Ästhetik*, Tübingen 2000.

- *Grenzenlose Selbstbestimmung? Der Wille und die Würde Sterbender*, Düsseldorf 2008.

- *Liebe - von der Anerkennung zur Annahme zur Einheit*, in: Lieben, Provokationen, Salzburger Hochschulwochen 2008, hg. v. Gregor Maria Hoff, Innsbruck/Wien 2008, 124-148.

- *Meister Eckhart. Das Buch der göttlichen Tröstung*, in: Christian

Danz (Hg.), Kanon der Theologie. 45 Schlüsseltexte im Portrait, Darmstadt, 2. Aufl. 2010, 153-191.

- *Meister Eckhart*, München 2014.
- *Gelassenheit*, in: Erbe und Auftrag 90 (2014) 246-255.
- *Gewissen*, in: Christine Büchner/Gerrit Spallek (Hg.), Auf den Punkt gebracht. Grundbegriffe der Theologie, Ostfildern 2017, 77-90.
- *Im Wirken schauen. Die Einheit von vita activa und vita contemplativa bei Meister Eckhart und Johannes Tauler*, Neudruck der Diss. v. 1969 mit Ergänzungen, Darmstadt 2018.
- *Der Aufstieg des »Gewerbes«. Eckhart, Luther und Max Weber*, erscheint in: Volker Leppin/Freimut Löser (Hg.) Meister Eckhart und Martin Luther (Jahrbuch der Meister Eckhart Gesellschaft Bd. 13), Stuttgart 2019.

Pohier, Jacques Marie, *Wenn ich Gott sage*, Olten 1980 (orig.: *Quand je dis Dieu*, Paris 1977).

- *Dieu, Fractures*, Paris 1985.
- *La mort opportune*, Paris 1998.

Ricœur, Paul, *Das Selbst als ein Anderer. Übergänge*, München 1996.

Rombach, Heinrich, *Entscheidung*, in: Handbuch Philosophischer Grundbegriffe, Bd. 2, München 1973, 361-373.

Rosa, Hartmut, *Resonanz. Eine Soziologie der Weltbeziehung*, Frankfurt a. M. 2017.

Saint-Exupéry, Antoine de, *Der kleine Prinz*, Düsseldorf 49. Aufl. 1995.

Sölle, Dorothe, *Leiden*, München, 7. Aufl. 1987.

Strauß, Botho, *Paare, Passanten*, München 1981, 178.

Szymborska, Wisława, *Deshalb leben wir. Gedichte*, übertr. v. Karl Dedecius, Frankfurt a. M. 5. Aufl. 1997.

Van den Daele, Wolfgang, *Soziologische Aufklärung und moralische Geltung? Empirische Argumente im bioethischen Diskurs*, in: Michael Zichy/Herwig Grimm, (Hg.), Praxis in der Ethik. Zur Methodenreflexion in der anwendungsorientierten Moralphilosophie, Berlin 2008, 119-151.

Vezzoni, Cristiano, *The legal status and Social Practice of Treatment Directives in the Netherlands*, Groningen 2005.

Witte, Karl Heinz, *Meister Eckhart, Leben aus dem Grund des Lebens*, Freiburg i. Br. 2013.